1日が見えてラクになる!
時間整理術!

池田暁子《きょうこ》

皆さまこんにちは
イラストレーターの池田暁《きょう》子《こ》と申します
これまでに苦手なことを自分なりの工夫で克服し…
片づけとか
貯金とか
何冊かの本に描かせて頂きました
さあ！
もうこれで苦手なことはないぞ！
——と思っていたのですが…

次の本について打ち合わせ中
苦手克服シリーズ…
うーーん
他に苦手分野はホントにないんですかね…
そう言われても…
担当編集者 松田紀子さん
あ、もう時間ですね
次回の打ち合わせは…
来週の水曜日13時～15時はいかがですか?
ハイ参ります!
そうそう池田さんに取材のお話があって…
ホントですか! やったーー♡
せっかくだからまとめて同じ日の…
15時からここでにしましょうか
………
えっ

こちらの都合で決めちゃっても
いいものなんですかっ!?
時間までっ!
先方のご都合が悪くなければね
聞いてみますよ
さらり
そしたら池田さん
1回しか動かなくていいでしょう?
?
家からここまで時間どのくらいですか?
?
1時間くらいです
2つの用事を同じ日にまとめると1往復ですむでしょう?
1時間
行き
用事
[打ち合わせ]
帰り
1時間
1時間
行き
用事
[取材]
帰り
1時間
1時間
行き
用事
用事
帰り
1時間
[取材 + 打ち合わせ]
2時間!
自分の時間が作れる!
用事はまとめた方がいいですよ!

た…たしかに！
一度にまとめるだけで
2時間もっ！
考えたことなかったです！
？
えっ!?
2時間もあったら映画1本観られるじゃん…
ガーン
ガーン
………
……
！
池田さんの時間の使い方に興味がありますねぇ
キラーン
何をして過ごしていたかをノートにつけて
見せてください
次回までの宿題にしましょう
楽しみにしてますねっ！

池田のとある1日
ブルルルッ
ブルルルッ
携帯のアラームを目覚ましに使っている
7:00 起床
仕事せなっ!
がばっ
まずPCを立ちあげてメールチェック
あ 仕事のメールだ
返信しなきゃ!
ええと何て書こうか…
その前にちょっと友達のブログを…
おっ 更新されてる♪
8:30
はっ
あっ もうこんな時間!
今日の仕事や用事を書き出してみよう…
あれとこれと…
○月×日
なんだかいろいろあるなあ…
見てるだけで疲れた…
ちょっと一服して気合いを入れよう
今日はたくさん働くしな!

9:30
あれ？
もうこんな時間！
朝ご飯用意しなきゃ！
夫がチコクする！
↑おかげ様で最近入籍しました
げ
またゴミ出し忘れた!!!
間に合わないからお米はいきなり「早炊き」で…
水につけてからの方がおいしいんだけど…
ピッ
さあ！ご飯が炊けるまでの間仕事だ！
……いや
その前に洗濯機回しとこう
さて仕事！
ピーピーピー
あご飯炊けた！
アタフタ
じたばた
ぼー
夫→
—食事（朝昼兼用）—
10:30
いってらっしゃーい

さて仕事！
…の前にメールに返信を…
えーと
なんて書けばいいかな…
いいや後で書こう…
それより仕事！
今日は16時から打ち合わせだから…
11:00
まだまだ時間はあるな
打ち合わせに
持っていくための
マンガの下描き考えなきゃ…
うーん
うーん
14:00
ああしてこうして…
よしできたっ！
ZZZ
夢の中で考え中
14:40
はっ
がば
もう出ないと！
起きると全部忘れる
ガコン
ガコン
シャワー浴びて…
駅
びしょびしょ
髪かわかす時間なかった…
とにかく行こう！
16:05
5分チコク
遅れてすみませんっ

17:30
打ち合わせ終わった〜
もっとちゃんと準備して来なきゃ…
あ〜なんだか疲れた…
寄り道中
お！これ面白そう♡
買った本を読みふけり中
inカフェ
20:15
シャラーン♪
あっメール！
やばっ！
夫から
帰ります。ご飯よろしく
もうそんな時間!?
スーパーに寄って
アタフタ
帰宅——
……ん？
そうだ洗濯物干すの
忘れてた
しわっしわだ…
21:00
—夕食—
肉と野菜を炒めたのと冷や奴
22:00
テレビ…
仕事…
この番組見てからやろう
0:30
寝落ち…
お〜い
zzz

1週間後――
……
池田さんって…
「宿題」のノート
普段何時から何時まで
仕事をされてるんですか？
一日中ず――っと
仕事をしなければ！とは思ってるんですが
ゴミを出し忘れたり洗濯物を干し忘れたりメールの返信を出しそびれたりも多いんじゃないですか？
なんだか毎日バタバタしてまして…
おフロの時間も決まってなさそうですね…
？
さっきシャワー浴びてきた
よし！

次の本は
「時間整理術」でいきましょう！
池田さんの生活にはマダマダ無駄が潜んでいると見ました！
もっと上手に時間を使えるはずです！
まずはそうですね…
時間のノートは…
1週間を1見開きでつけてみてください
ぐじゃ――
今のノート
○月×日
○月△日
月
火
水
木
金
土
日
6:00
12:00
18:00
24:00
6:00
家事、仕事などで色分けしてみるといいですね！
ぴしゃっとね！
ひー

もくじ

何をして過ごしていたかを
ノートにつける！
という宿題をやってみて…

自分が普段あんまり
時計を見ていなかったことに
気づきました

第1章
「用事をまとめる」ことで、ラクになる!

自分のしていたことを
ノートに
色分けしながら
つけてみたところ…

恐ろしい事実が！

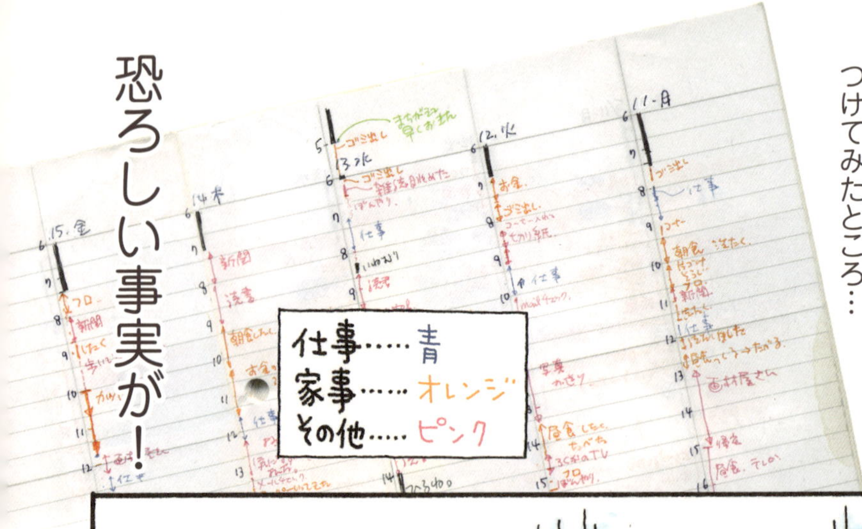
仕事……青
家事……オレンジ
その他……ピンク

私…
ガクゼン
ほとんど仕事できてない！
オレンジとピンクばっかり…
毎日必死なのに…どういうこと!?
〜地獄のしめ切り前〜
1日19時間ぐらい仕事！の日が何週間も続く
これじゃあしめ切り前に毎回ド修羅場になるの当たり前だわ…
間に合わないっ!!!
ど…どうにかしなきゃ！
まじで

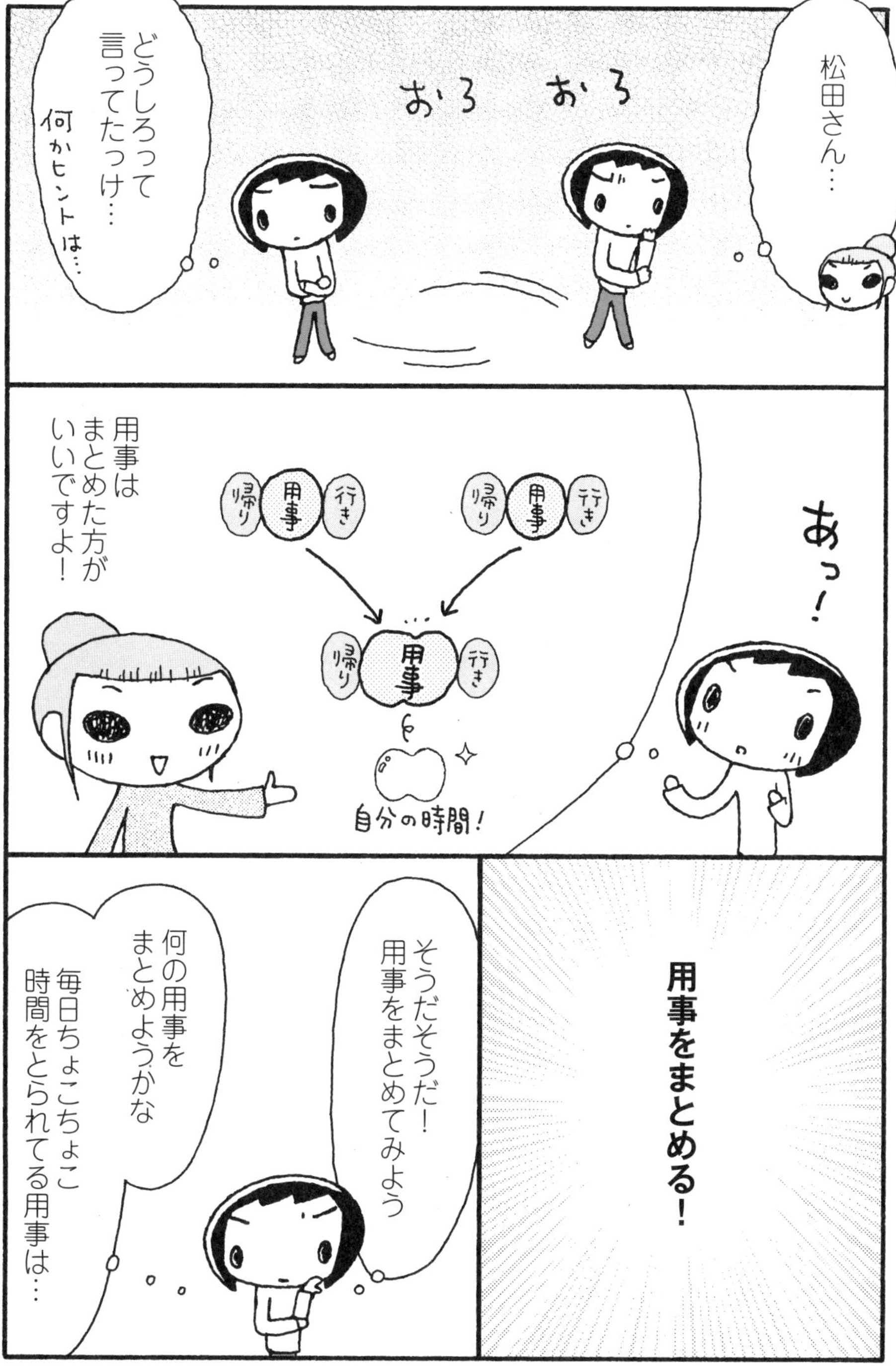
松田さん…
おろ　おろ
どうしろって言ってたっけ…
何かヒントは…
あっ！
帰り
用事
行き
帰り
用事
行き
帰り
用事
行き
自分の時間！
用事はまとめた方がいいですよ！
用事をまとめる！
そうだそうだ！用事をまとめてみよう
何の用事をまとめようかな
毎日ちょこちょこ時間をとられてる用事は…

これだー
インターネット！
朝起きてすぐ
PCを起動して
メールチェック
ほとんど
無意識に
そのままあちこち
見に行って…
おっ ○○ちゃんのブログ
更新されてる
△△さんのつぶやきは
相変わらず
面白いなあ…
仕事中も
だれてくるとつい
PCに手が…
ちょっと
ひと休み
そのくせ
メールの返信は
つい後回しにして
返信
しないとなあ…
いつまでも
気にしていたり…
何となく心細い日は
何度も何度も
PCを見てしまう
メール
来てないなあ…
30分前に
チェックしたばかり
○○ちゃん
ブログ更新
しないなあ…
忙しいのかな
つい2日前に
更新したばかり
見れば見るほどもっと
心細くなるだけなのに

よし！
思いきってネット接続を1日1回にまとめてみよう！
用事をまとめる
仕事のメールはチェックしたら即返信！
ニュースなどはコースを決めといてさくっと巡回！
ついついふらっと見ないようにいつ接続するかも決めとこう
朝昼兼用の食事
食事の後に接続
まとめる！
さらに…
えい！
コードも抜いちゃえ！
PCを使う作業は完全にオフラインで
ハンガーを曲げて作った
文を考えたりとか
仕事などでやむを得ず接続する時も…
あちこち寄り道しないぞ！
緊張！
データの送受信や調べものなど
用が済めばすぐコードを抜く
こうしてしばらく過ごしてみたところ…

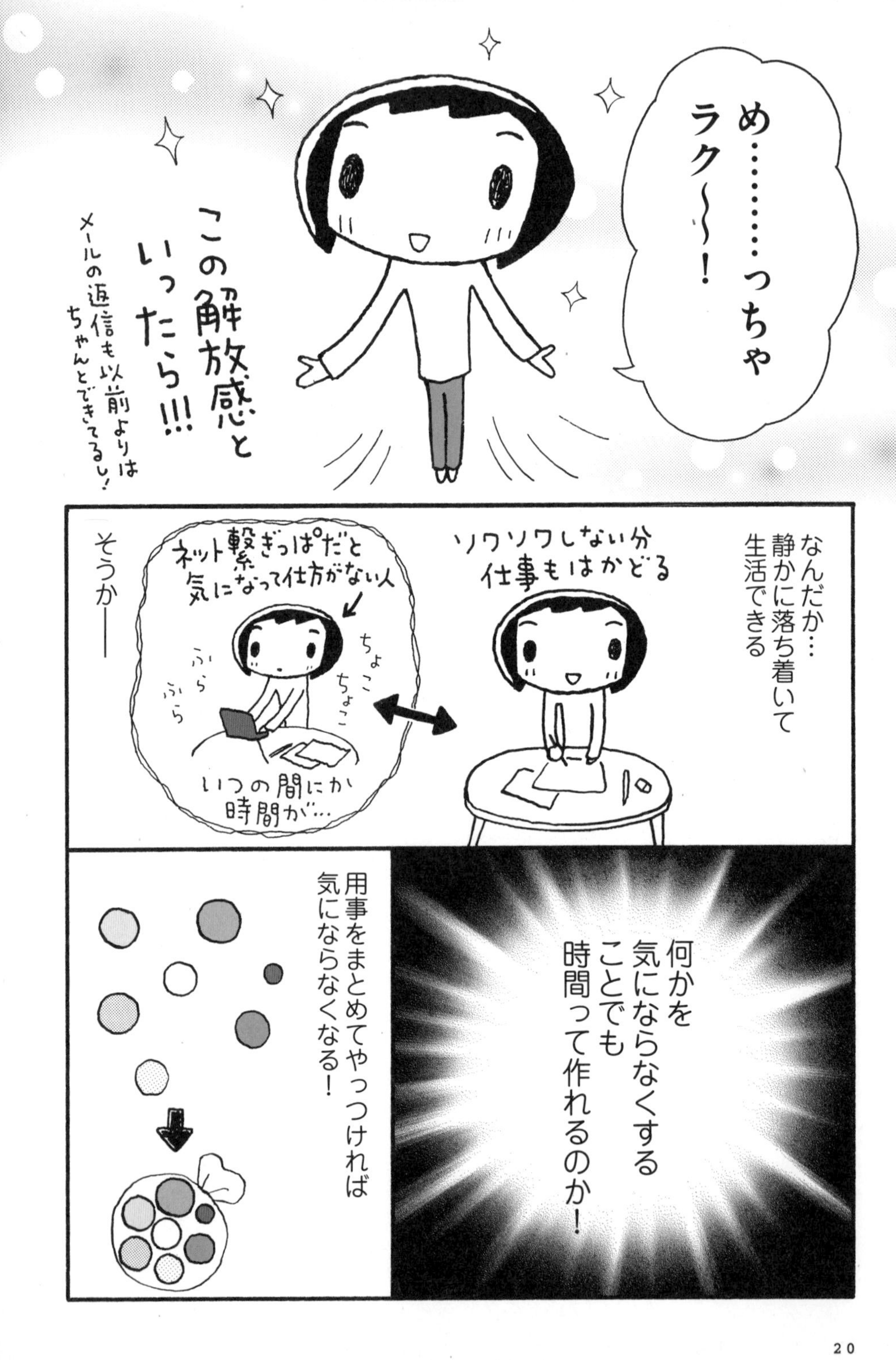

め……っちゃ
ラク～～！
この解放感と
いったら!!!
メールの返信も以前よりは
ちゃんとできてるし！
なんだか…
静かに落ち着いて
生活できる
ソワソワしない分
仕事もはかどる
そうか——
ネット繋ぎっぱだと
気になって仕方がない人
ちょこちょこ
ふらふら
いつの間にか
時間が…
何かを
気にならなくする
ことでも
時間って作れるのか！
用事をまとめてやっつければ
気にならなくなる！

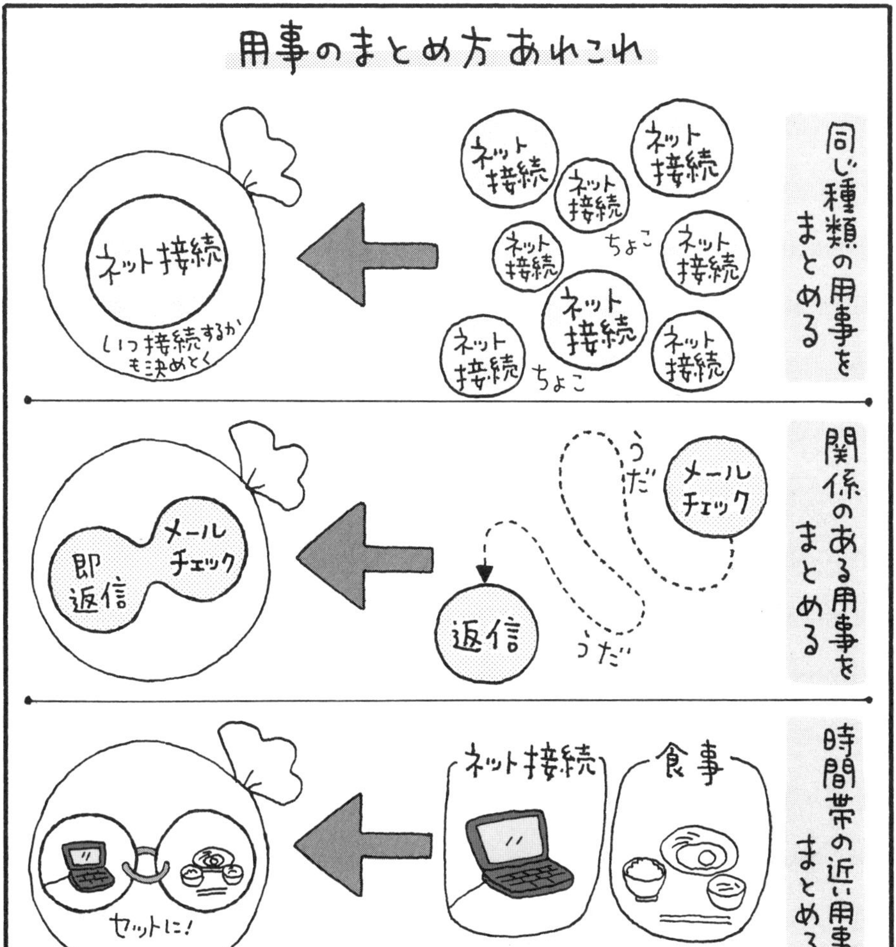
用事のまとめ方あれこれ
同じ種類の用事をまとめる
ネット接続
ちょこ
ちょこ
ネット接続
いつ接続するかも決めとく
関係のある用事をまとめる
メールチェック
うだ
うだ
返信
即返信
メールチェック
時間帯の近い用事をまとめる
ネット接続
食事
セットに！

よーし
どんどん
まとめるぞっ！
私がよく気になって
困っている用事と
いえば……

これだ！ゴミ出し！
ゴミ出しって…すごく難しい
決まった曜日に出さなきゃいけないし…
燃…水・土
ビン・カン…木
古紙…金
不燃…第1第3月
これが特に難しい
また間違えたっ
ガラーン
決まった時間までに出さなきゃいけないし…
また忘れてた…
もう収集車行っちゃったよね…
よ〜し！
ゴミ出しを何か他の用事とまとめよう！
収集車が来るのは朝だから…
毎朝必ずやってる用事をまとめてやっつけよう！
私が朝起きてしていることは…

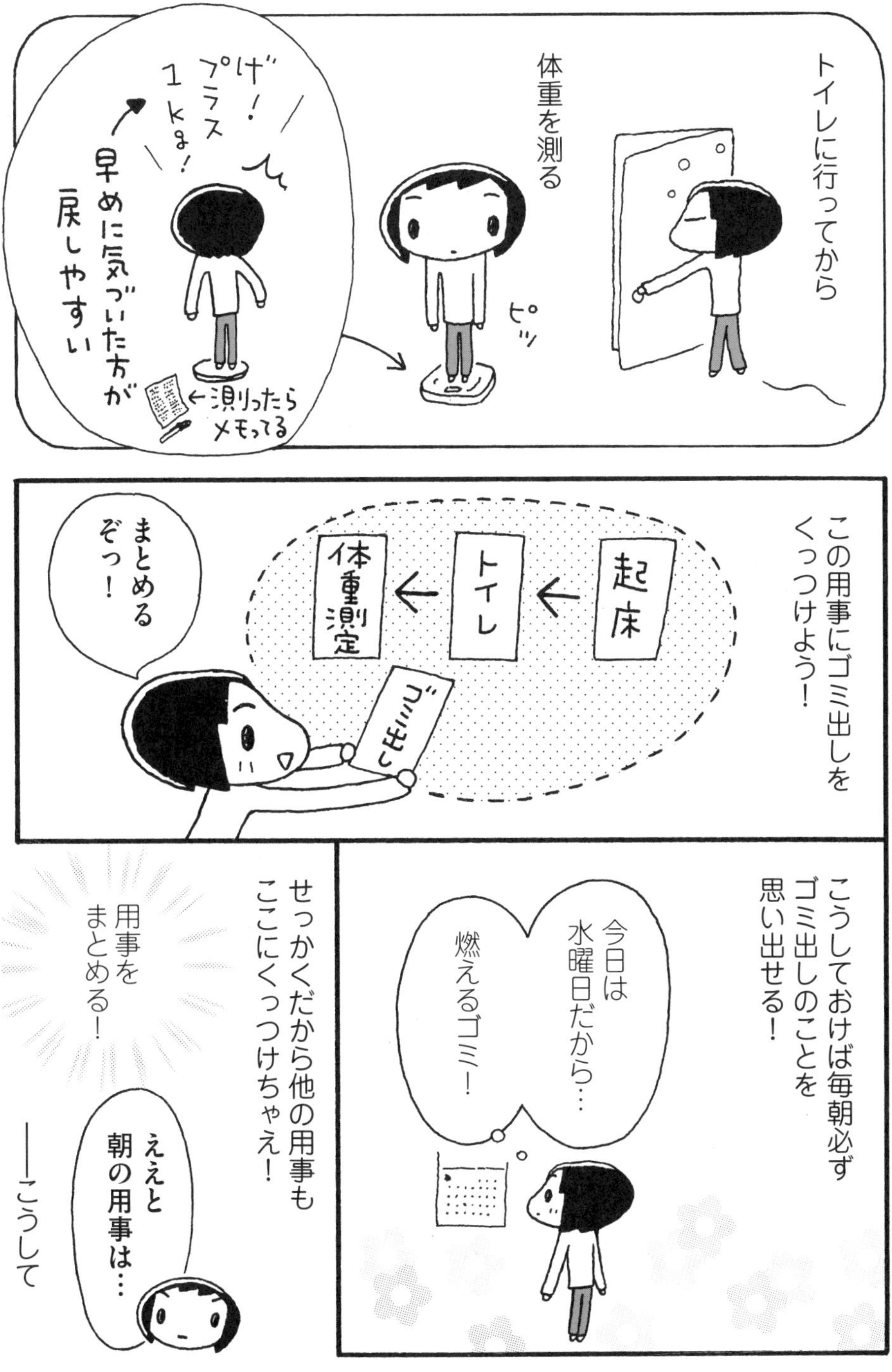

トイレに行ってから
体重を測る
ピッ
げ！プラス1kg！
早めに気づいた方が戻しやすい
←測ったらメモってる
この用事にゴミ出しをくっつけよう！
起床
←
トイレ
←
体重測定
ゴミ出し
まとめるぞっ！
こうしておけば毎朝必ずゴミ出しのことを思い出せる！
今日は水曜日だから…
燃えるゴミ！
せっかくだから他の用事もここにくっつけちゃえ！
ええと朝の用事は…
――こうして
用事をまとめる！

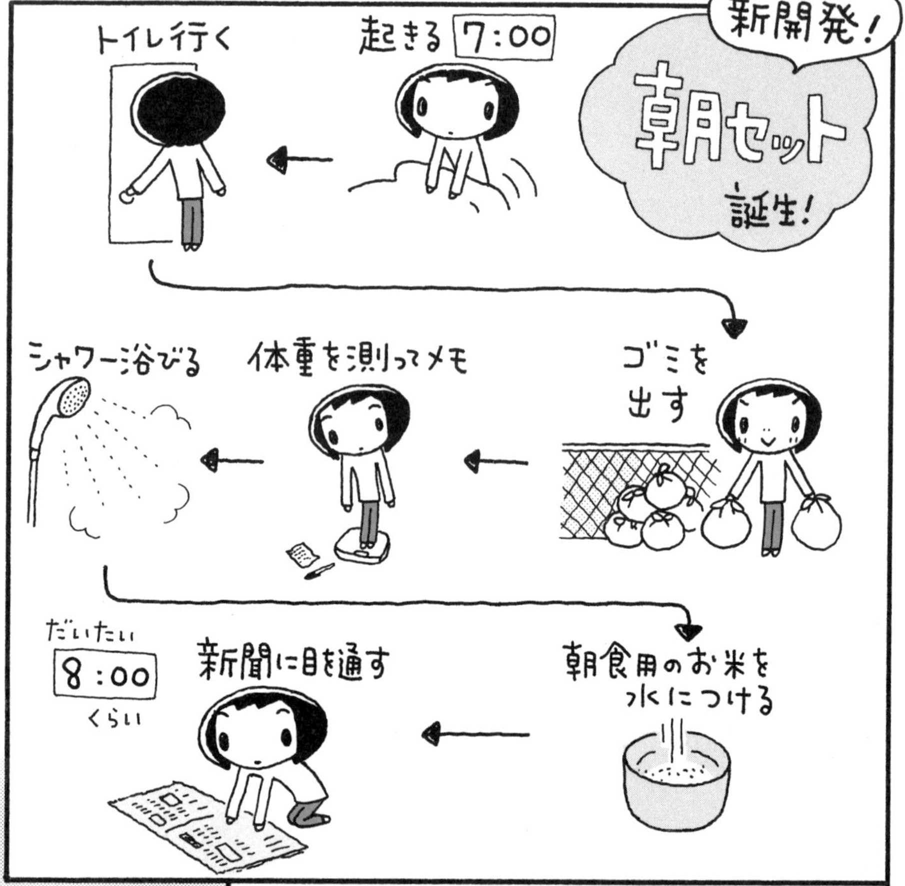
新開発！
朝セット
誕生！
起きる 7:00
トイレ行く
ゴミを出す
体重を測ってメモ
シャワー浴びる
朝食用のお米を水につける
新聞に目を通す
だいたい 8:00 くらい

これだけまとめてやっつけちゃえば
気になる用事が減りまくり!!
ぐっ

〝朝セット〟を始めてからは…

あーまた忘れたっ！
次回こそっ!!
ジタバタ
もったいない…けど
今さら読む気もしないし…

出しそびれたゴミが
たまってきて困る
こともないし

出がけに慌てて
バタバタシャワー
浴びることもないし

読めないままの新聞が
たまっていってしまう
こともない

打ち合わせの席で自慢！
イイコトずくめなんですよ朝セットって!!!
今日はホラ髪だって濡れてませんし！
ほうほう
けど一つだけ困っていることがあって…
何でしょう…？

どうも炊飯器のスイッチを…
あっまた！
入れ忘れ…
タイマー機能はっ!?
ついてるでしょう?
ついてるとは思うんですがやり方が…
買ったのは10年前で説明書もとっくになくしてしまって…
ブツクサ
炊飯器のタイマーはすごく便利ですから！
頑張ってやり方を覚えてください！
試行錯誤の末独自の使い方を編み出して…
見つけた仕様
コードを抜くと時計がリセットされてしまう！
時計が0:00に
予約タイマーが6:00に
そこで…
たとえば"2時間後に炊き上がってほしい時は
タイマーを2:00amにセット
コードを抜かなければいいのでは？
??
ピッピッピッピッピッ
ピッピッピッピッ
ピッピッ
連打！
見事炊飯器のタイマーをマスター！
便利っ!!!
ホカホカ

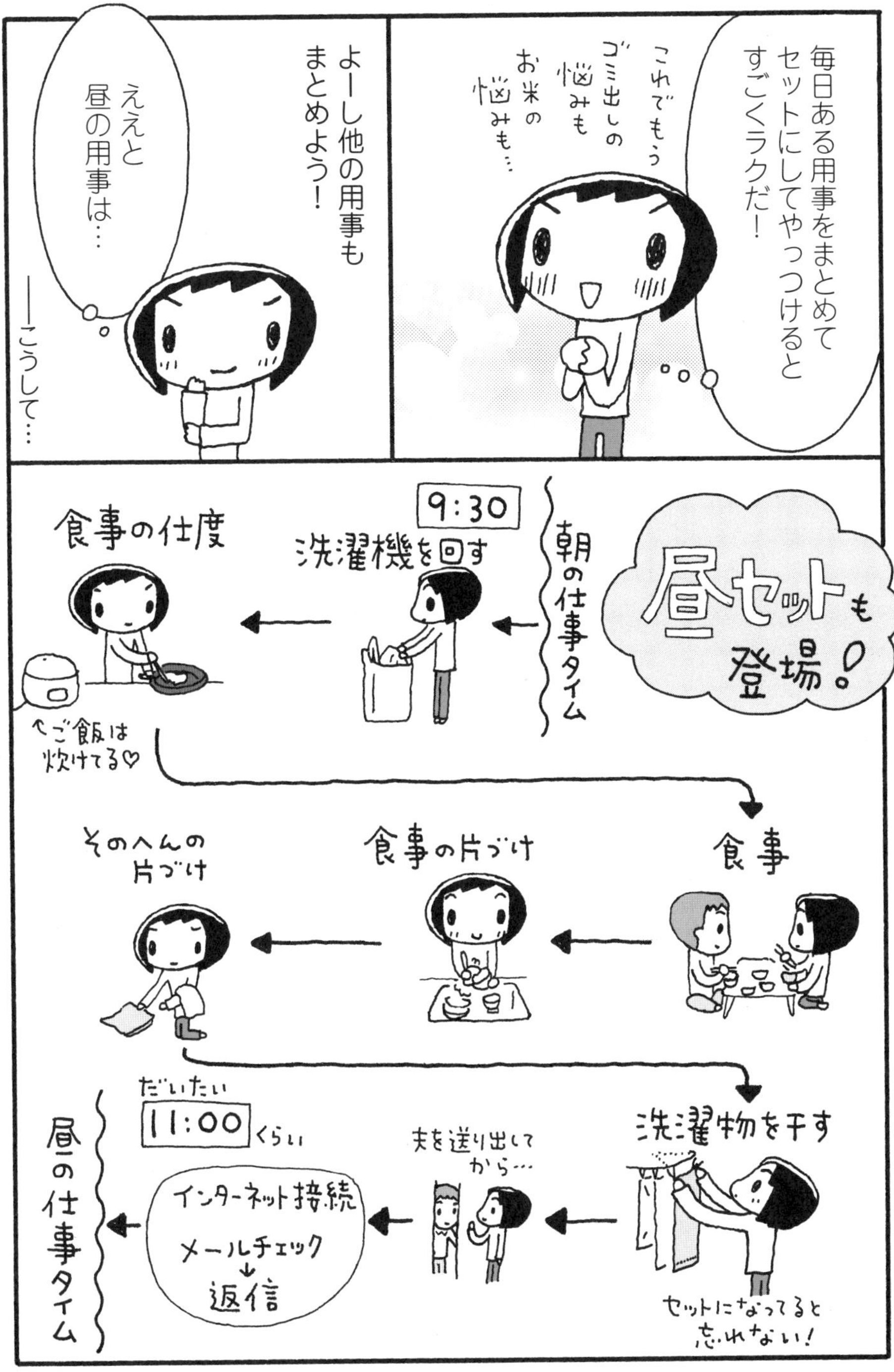
毎日ある用事をまとめて
セットにしてやっつけると
すごくラクだ！
これでもう
ゴミ出しの
悩みも
お米の
悩みも…
よーし他の用事も
まとめよう！
ええと
昼の用事は…
――こうして…
昼セットも登場！
朝の仕事タイム
9:30
洗濯機を回す
食事の仕度
←ご飯は炊けてる♡
食事
食事の片づけ
そのへんの片づけ
洗濯物を干す
セットになってると忘れない！
夫を送り出してから…
インターネット接続
メールチェック
↓
返信
だいたい
11:00
くらい
昼の仕事タイム

朝セットと
昼セットの
導入により…
前はこんなだったけど…
before
7:00
起床
メールチェック
8:00
インターネットを
ブラブラ
9:00
仕事しなきゃ！
…と思っただけで
グッタリ
ひと休み
ご飯を炊く
10:00
洗濯機を回す→そのまま忘れる
ご飯を食べる
夫出勤
メールの返信を…
書かなきゃと思いつつ
書かない
11:00
仕事を…
しなくちゃ！と
思いつつ
昼寝
12:00
結局こなせた用事って…
ご飯食べただけ！
昼までかかって……
7時に起きたのに…

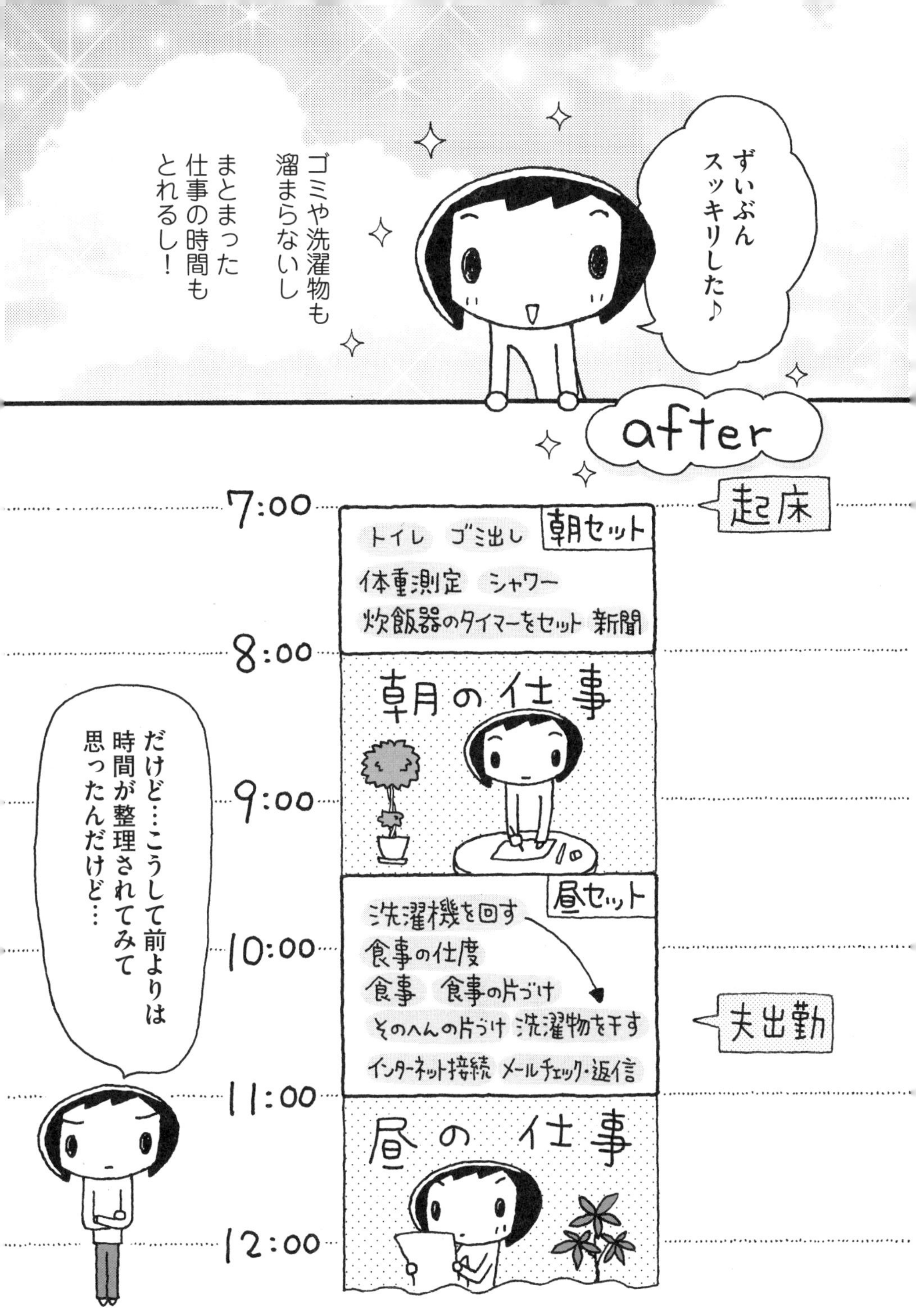
ずいぶんスッキリした♪
ゴミや洗濯物も溜まらないし まとまった仕事の時間もとれるし！
after
7:00
起床
朝セット
トイレ
ゴミ出し
体重測定
シャワー
炊飯器のタイマーをセット
新聞
8:00
朝の仕事
9:00
昼セット
洗濯機を回す
食事の仕度
10:00
食事
食事の片づけ
夫出勤
そのへんの片づけ
洗濯物を干す
インターネット接続
メールチェック・返信
11:00
昼の仕事
12:00
だけど…こうして前よりは時間が整理されてみて思ったんだけど…

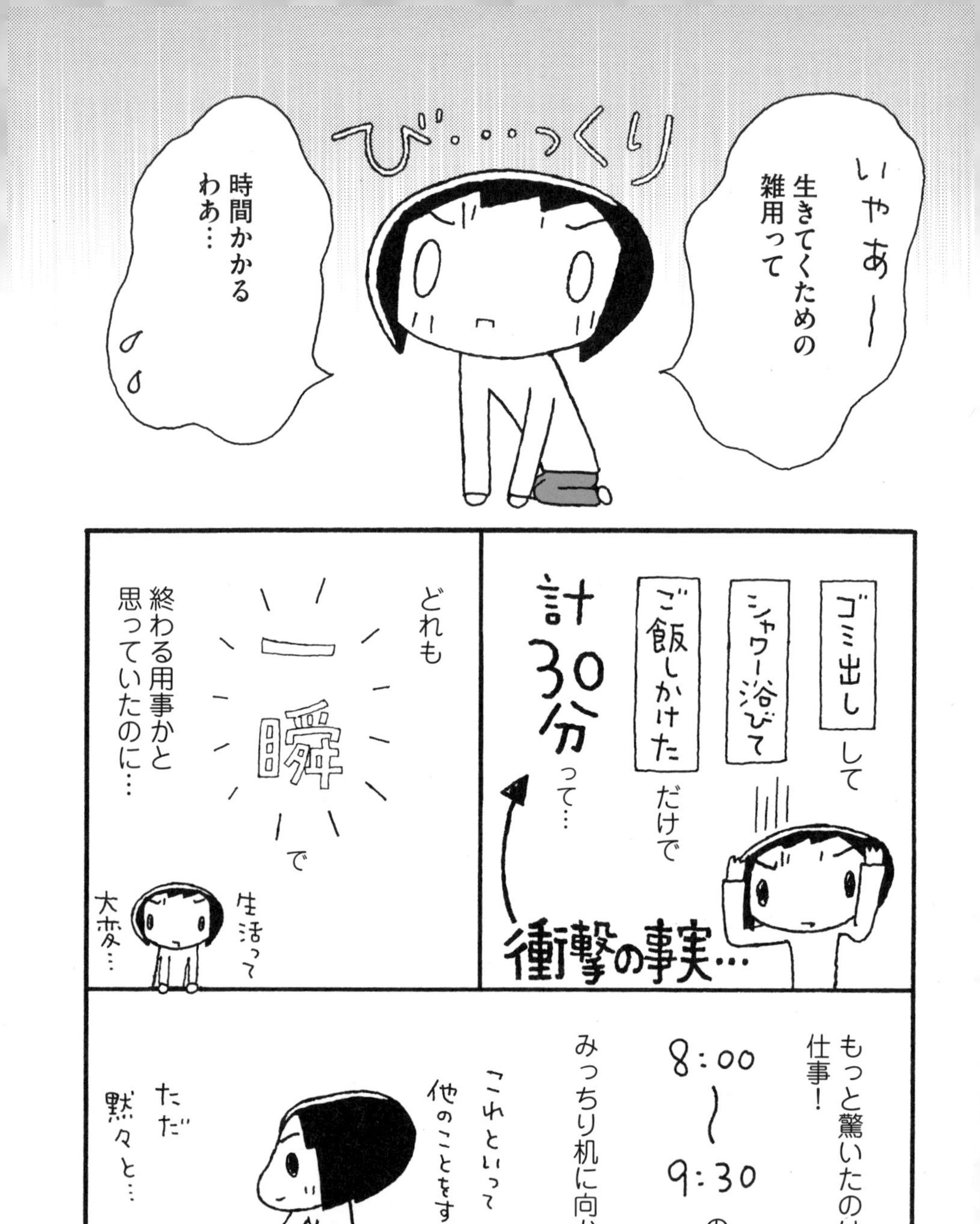

び…っくり
いやあ〜〜
生きてくための
雑用って
時間かかる
わあ…
ゴミ出し
して
シャワー浴びて
ご飯しかけた
だけで
計30分って…
衝撃の事実…
どれも
一瞬
で
終わる用事かと
思っていたのに…
生活って
大変…
もっと驚いたのは
仕事!
8:00〜9:30
の1時間半
みっちり机に向かって
これといって
他のことをするでもなく
ただ
黙々と…

描けたのはたったこれだけ…
2ページの読み切りマンガの下描きのほんの一部…
私……
仕事遅っ!!!
こんなの本気出せば30分でできる仕事かと…
?
決して速いとは思ってなかったけどここまで遅いとは…
仕事も…家事も…
思ったよりずっと時間かかるっ!!!
ガーン
ガーン
あんまり時計見ないから気づいてなかった…
厳しい現実に直面して…
もっと上手に時間を使うぞ!
決意を新たにした私なのでした

自分があまり
時計を見ていなかったことが
わかったので…

なんか
薄暗いかも?
…と思ったら
もうこんな時間!?
太陽の動きで
時刻を知る…
現代人なのに

時計の数を増やしてみたら…

台所
目につく
ところに
置いた
テレビの上
仕事の机の上

時計を見るようになりました

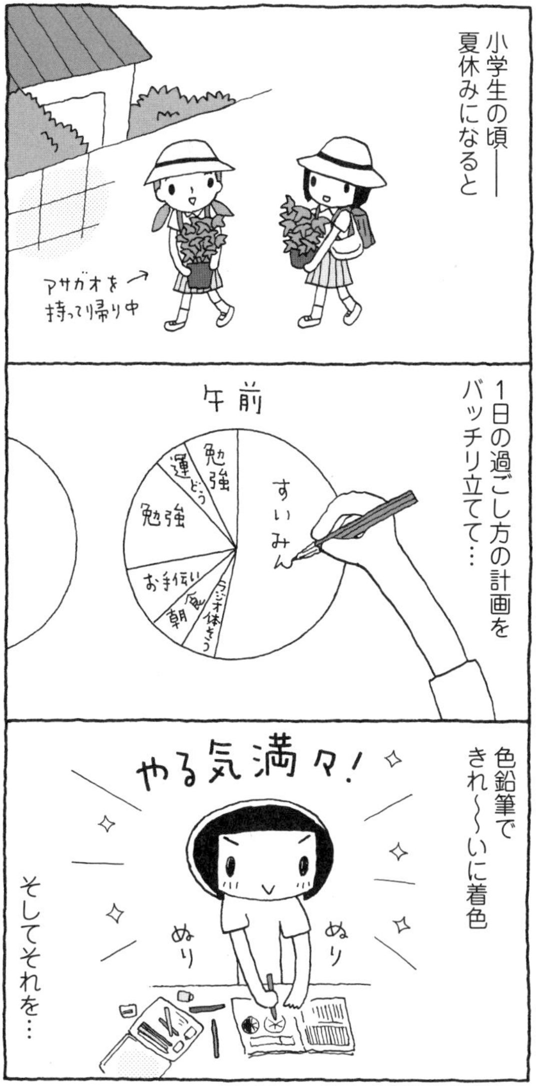

小学生の頃――
夏休みになると
アサガオを→
持って帰り中
1日の過ごし方の計画を
バッチリ立てて…
午前
すいみん
勉強
運どう
勉強
お手伝い
朝食
ラジオ体そう
色鉛筆で
きれ〜〜いに着色
やる気満々！
ぬり
ぬり
そしてそれを…

そのまま放置
完全に忘れている
カキーン
夏休みの宿題は8月31日に泣きながらやる
絵日記の天気がわからん〜
少しずつやっとかんけんよ！
〜新学期 高校にて〜
その後 中学 高校と歳を重ねて成長したのは…
宿題提出せいよ〜
やってない
死刑になるわけじゃなし
面の皮

第2章
「1日は24時間」じゃない！

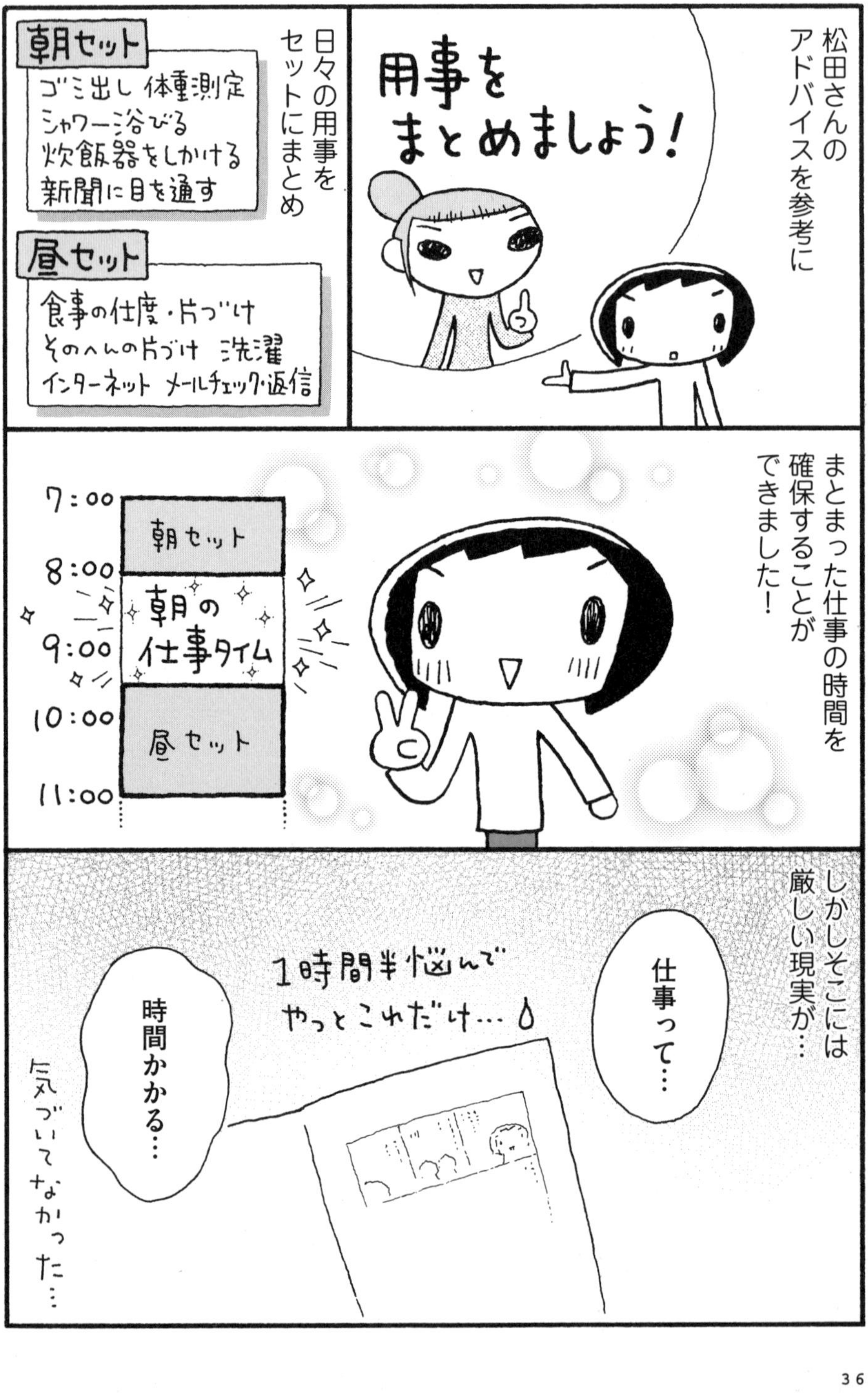
松田さんのアドバイスを参考に
用事をまとめましょう！
日々の用事をセットにまとめ
朝セット
ゴミ出し 体重測定
シャワー浴びる
炊飯器をしかける
新聞に目を通す
昼セット
食事の仕度・片づけ
そのへんの片づけ 洗濯
インターネット メールチェック・返信
まとまった仕事の時間を確保することができました！
7:00
8:00
9:00
10:00
11:00
朝セット
朝の仕事タイム
昼セット
しかしそこには厳しい現実が…
仕事って…
1時間半悩んでやっとこれだけ…
時間かかる…
気づいてなかった…

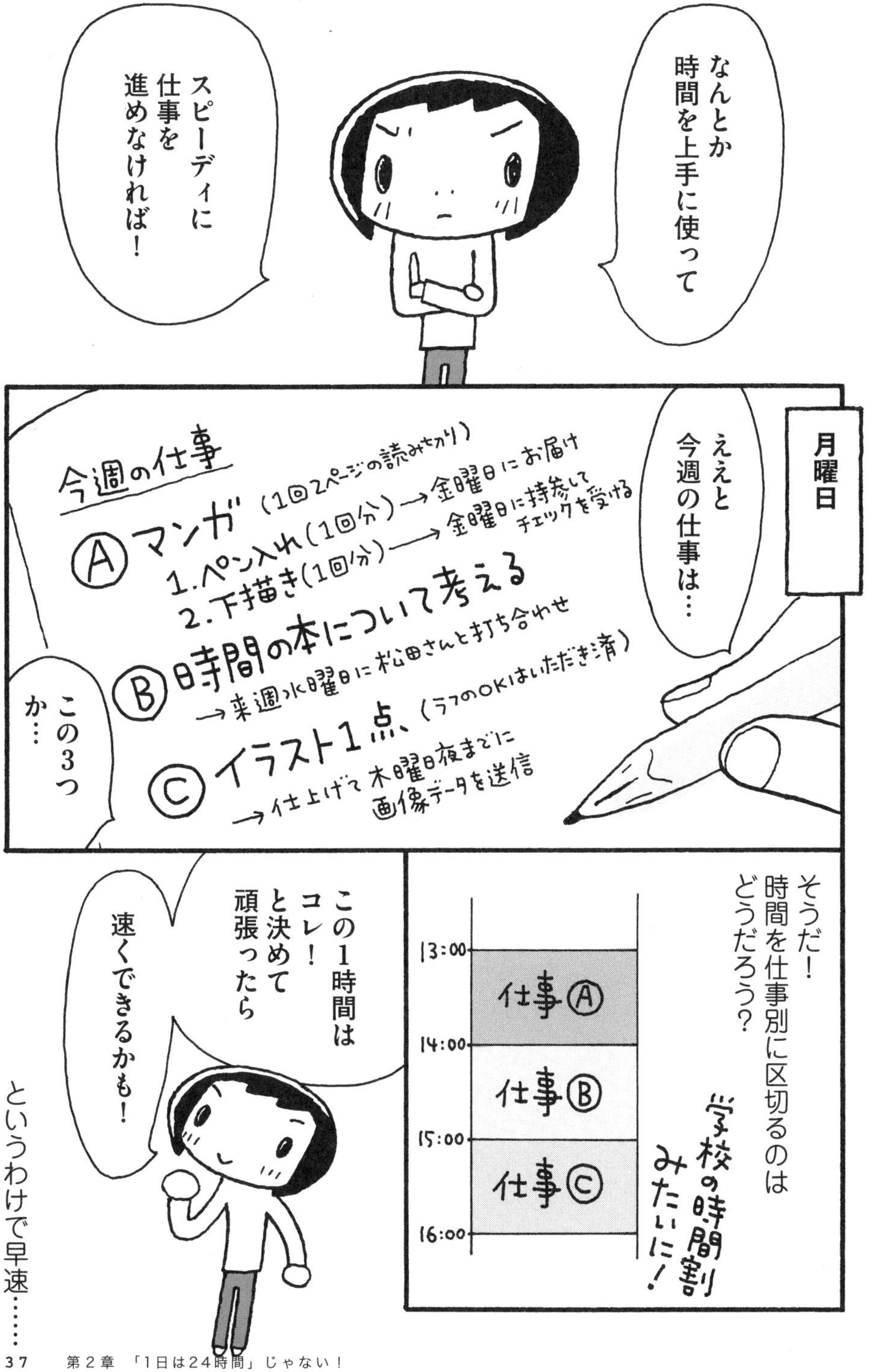

なんとか時間を上手に使って
スピーディに仕事を進めなければ！
月曜日
ええと今週の仕事は…
今週の仕事
Ⓐマンガ（1回2ページの読み切り）
1.ペン入れ（1回分）→金曜日にお届け
2.下描き（1回分）→金曜日に持参してチェックを受ける
Ⓑ時間の本について考える
→来週水曜日に松田さんと打ち合わせ
Ⓒイラスト1点（ラフのOKはいただき済）
→仕上げて木曜日夜までに画像データを送信
この3つか…
そうだ！時間を仕事別に区切るのはどうだろう？
学校の時間割みたいに！
13:00
仕事Ⓐ
14:00
仕事Ⓑ
15:00
仕事Ⓒ
16:00
この1時間はコレ！と決めて頑張ったら
速くできるかも！
というわけで早速……

タイマーを買いに来ました
〜家電量販店にて〜
どれがいいかなぁ
これがいいかも!
首にかけられるし
意気揚々と帰宅
これで私も時間の達人に…!
それでは
仕事Ⓐ—2
マンガの下描きを…
60分で!
ピッ ピッ
60:00
その気で急げばきっとできるはず!
頑張って速くやるぞ!

15分経過
うーん
うーん
30分経過
うーん
描いたり消したり…
45分経過
うーん……
60分経過
ピピピピピピ
ピピピピピピ
えっ何？
あっシマッタ！
寝てた
そして…
うーーん
30分追加…と
ピッピッピッ
30:00
30分経過ーー
ピピピピピピピピ
ピピピピピピピピ
マダだよっ!!!
60分かけてまっ白なのに
30分足したからって
できるかっ!!
逆ギレ
まっ白→
急げば速くできるなら
世話ないよなあ…
タイマー作戦失敗…

火曜日
今日こそは
時間を有効に使わねば!
昨日から何も進んでないし…
今週の仕事
Ⓐ
1.
2.
Ⓑ
Ⓒ
頑張らなくっちゃ
仕事Ⓐ-2
相変わらずまっ白…
でもちょっとお腹空いた
ヨシ!買い出しにでも
行ってこよう!
気分転換をかねて!
スーパーに行ってみると…
あらっ!
プリップリのサンマ♪
キレイ!おいしそう♡
5匹500円
(1匹150円)
2匹で300円…
3匹で450円…
ってことは…

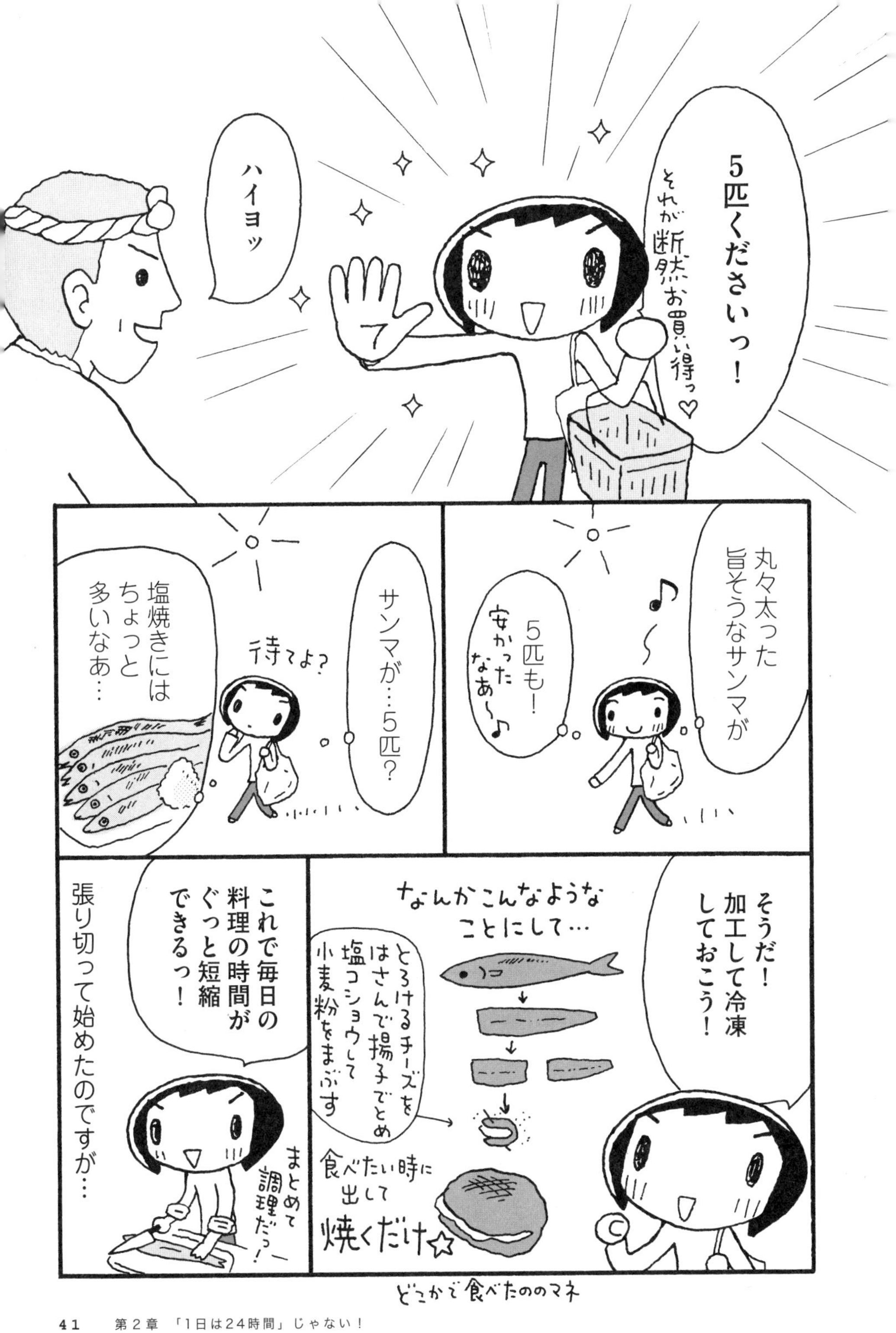

5匹くださいっ！
それが断然お買い得っ♡
ハイヨッ
丸々太った旨そうなサンマが
5匹も！安かったなあ〜♪
待てよ？
サンマが…5匹？
塩焼きにはちょっと多いなあ…
そうだ！加工して冷凍しておこう！
なんかこんなようなことにして…
とろけるチーズをはさんで揚子でとめ塩コショウして小麦粉をまぶす
食べたい時に出して焼くだけ☆
これで毎日の料理の時間がぐっと短縮できるっ！
まとめて調理だっ！
張り切って始めたのですが…
どこかで食べたののマネ

いつしかとっぷり日も暮れて…
何コレ いつまでやっても終わらん…
サンマ5匹って けっこう多いなあ…
魚さばくのが慣れてないので異様に時間がかかる
やっと できた〜
これでいつでも好きな時にサンマが食べられる!
ぐっ!
とり出して焼くだけ!
けど…
よく考えたらこれ 時間の短縮にはなってないわ…
食生活はちょっぴり向上したけど…
だって私もともと料理にそんなに時間かけられてないし…
どんっ
どっちみち焼いただけ

水曜日
今週の仕事
Ⓐ ~~
1. ~
2. ~
Ⓑ ~~
Ⓒ ~~
うーーん
相変わらず何も進んでないぞ…
今日という今日は！
キッチリ仕事進める！
まずは仕事Ⓐ—2
マンガの下描き！
今日こそ
終わらせる！
…と思ったのですが…
ぐるぐるぐるぐるぐる
うーーん
うーーん
描いたり…
消したり…
いったい
ぜんたい
どうして
こんなに時間が
かかるんだ？
たった
2ページに…
他の人は
どうやって
描いてるん
だろう…
面白いなあ…
くすくす
ぷぷっ
マンガ

はっ！
こ…こんなことしてる場合じゃなかった…
戻しっ
そうじゃなくって！
スック
BOOKS
BOOKS
むむむむむ
真剣！
マンガ力の鍛え方
マンガ家50人インタビュー
買ってきた→
すっかり夜
おおおー

木曜日
朝――
ま…
まずい…
これ…
今日までだよ！
A
B
C イラスト1点
→仕上げて木曜日夜まで
なんでもう木曜なの!?
1日がかりでなんとか仕上げて…
ちら
ちら
アタ
フタ
↑(パソコンで描いている)
送信！
メールに画像を添付して…
なんだかバタバタになっちゃったなあ…
マンガの下描きもやらなきゃ…
明日チェックがあるのにっ!!!
↑夫が帰宅した
えっもうそんな時間？
おかえりっ
ただいま――
ガチャ
あのねえ
今日ねえ
仕事仕事！
だだっ

話しかけないでっ！
私忙しいんだからっ!!!
ええ―
僕だって今日1日会社で必死に
うるさいっ！
ギス
ギス
あ――時間がないっ!!!
も―
次の分の下描きも大事だけどその前に
原稿のペン入れ（仕事Ⓐ―1）をやらないと…
印刷の締め切りがっ!!!

そして木曜日深夜――
23:30
ガンバレ
ガンバレ
日付変わって…
1:20
1:30
ガ…ガンバレ…
2:30~5:00 睡眠
金曜の早朝
5:00~
仕事
仕事の合い間に
家事
起きてっ！
ご飯ここ置くよ！
そしてまた
仕事

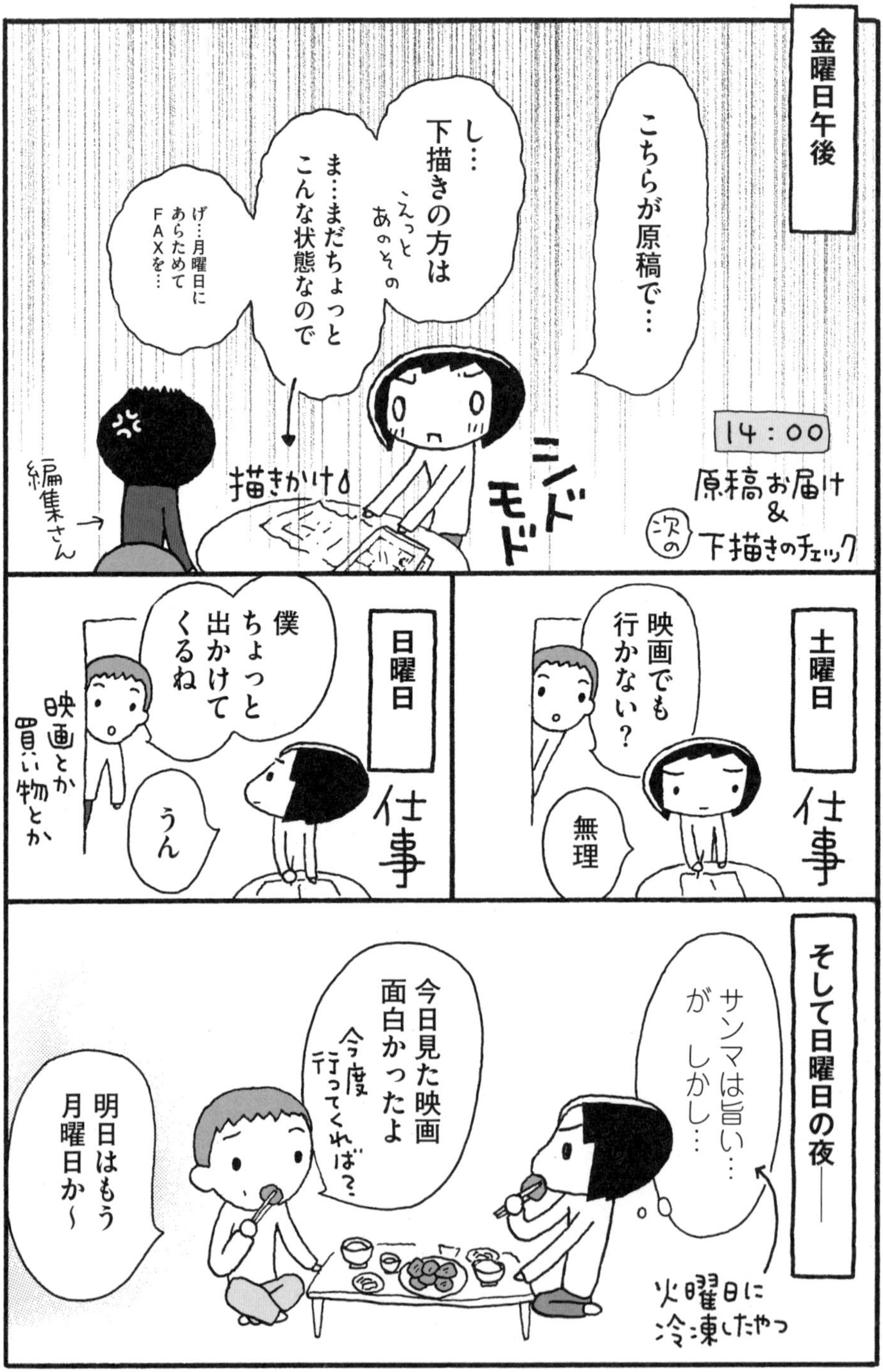

金曜日午後
こちらが原稿で…
し…下描きの方は
ええっと あのその
ま…まだちょっと こんな状態なので
げ…月曜日に あらためて FAXを…
14:00
原稿お届け & 次の下描きのチェック
シドモド
描きかけ
編集さん
土曜日
映画でも行かない？
無理
仕事
日曜日
僕ちょっと出かけてくるね
うん
仕事
映画とか買い物とか
そして日曜日の夜——
サンマは旨い… が しかし…
火曜日に冷凍したやつ
今日見た映画面白かったよ
今度行ってくれば？
明日はもう月曜日か〜

あ——あ
1週間ってあっという間だなあ…
でも…
なんであっという間なの？
24時間×7日で168時間もあるのに
なんで!?
いったい ぜんたい どうなってるんだ??
何をしてたかノートを見て検証中
——さあ皆さまこれが私の

1週間の仕事です

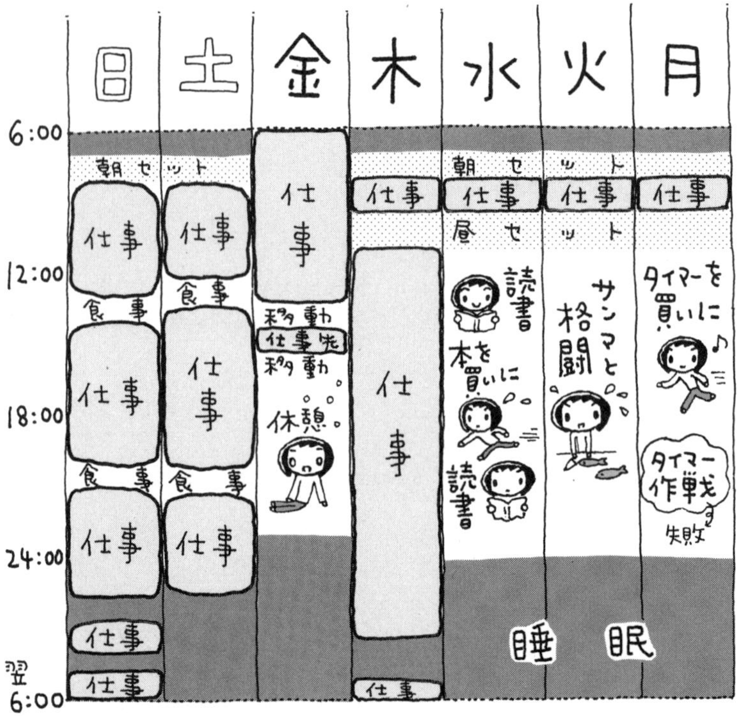
日
土
金
木
水
火
月
6:00
12:00
18:00
24:00
翌6:00
朝セット
仕事
食事
仕事
食事
仕事
仕事
仕事
移動
仕事先
移動
休憩
昼セット
読書
本を買いに
読書
サンマと格闘
タイマーを買いに
タイマー作戦
失敗
睡眠

何なのこの…
平日だらっと過ごして
土日や睡眠時間をつぶして…

収納場所がガラ空き
なのに

くつろぐべき場所が
ぐちゃぐちゃ

みたいな状況はっ!

これまでず――っと
平日でも気ままに出かけられるのが
フリーランスの特権だ～～♡
なんて思ってたけど…
ちっともフリー《自由》じゃなくないか？
…けどなんで？
ちょっと魚さばいたり本買ってきて読んだりするだけで
？？？？？
1日ってつぶれるもの？？
納得がいかない！

朝起きるでしょう?
ブツブツ
んで朝セットやって昼セットやって
検証中
夜は寝ないともたないし…
睡眠をだんだん減らして3時間に! という試みに挫折したことがある

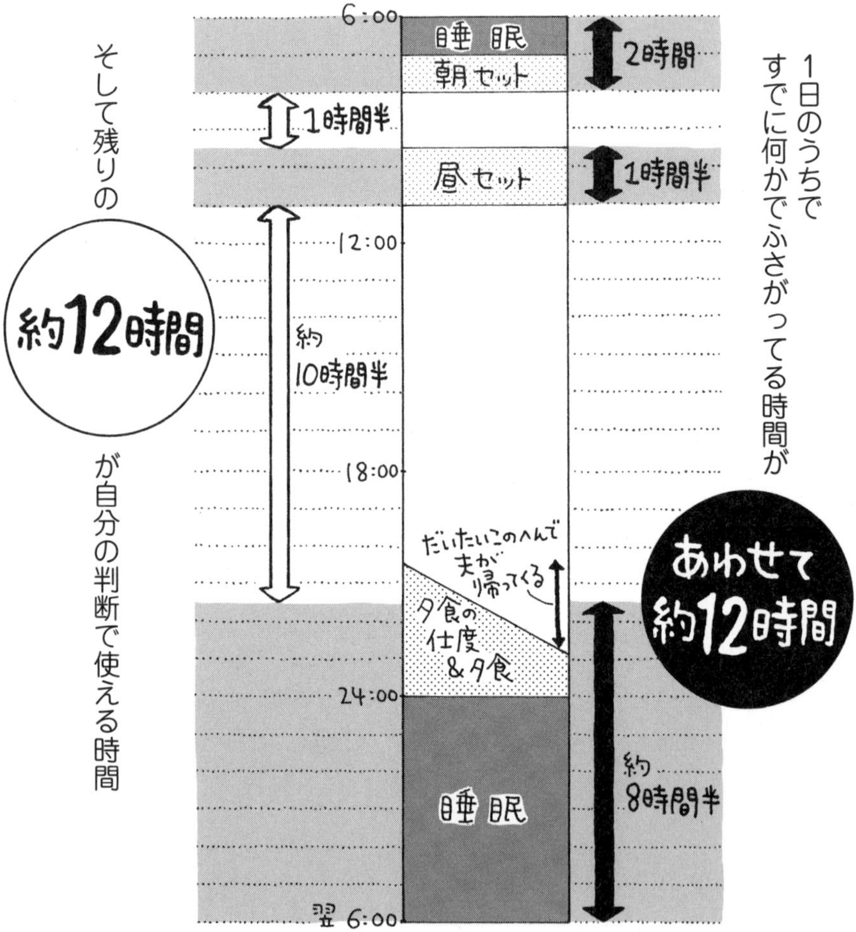
1日のうちですでにふさがってる時間が
あわせて約12時間
6:00
睡眠
朝セット
2時間
1時間半
昼セット
1時間半
12:00
約10時間半
18:00
だいたいこのへんで夫が帰ってくる
夕食の仕度&夕食
24:00
睡眠
約8時間半
翌6:00
そして残りの
約12時間
が自分の判断で使える時間

こうして
あらためて
見てみると…
私の1日って…
24時間じゃ
ないよ！
半分の
12時間だ！
そしてこの12時間で
しないといけないことが…
仕事とか
もろもろの事務処理とか
なんか振り込みとか
洗濯物たたんだり
掃除とか
休んだり
スーパー行ったり
好きなこともしたいし
遊んだり
けっこう忙しいぞ！
それなのに私ときたら思いつくままに…
タイマーで時間を管理しよう！
街へタイマーを買いに
3時間
安くていい食材でおかずを作り置きだっっ!!!
5匹のサンマと格闘
4時間
人の仕事の仕方を見て学ぶぞっ！
街へ本を買いに出かけ…
買ってきた本に没頭
6時間
こんなにザブザブ時間を使って…
1日は12時間しかないというのに…
そ…
そうか！

思いつきを何でも即実行に移しては
いかんのだな!
たとえそれがどんなに素晴らしい思いつきでも!
一瞬立ち止まって自分の持ち時間ややることリストと相談しないと…
えっと…
ステキなアイデア
後で自分が泣きを見るはめに!
間に合わないいっ!!!
しくっ
月曜の私めっ!!!
どのタイマーがいいかなあ…
それより帰って働け!!

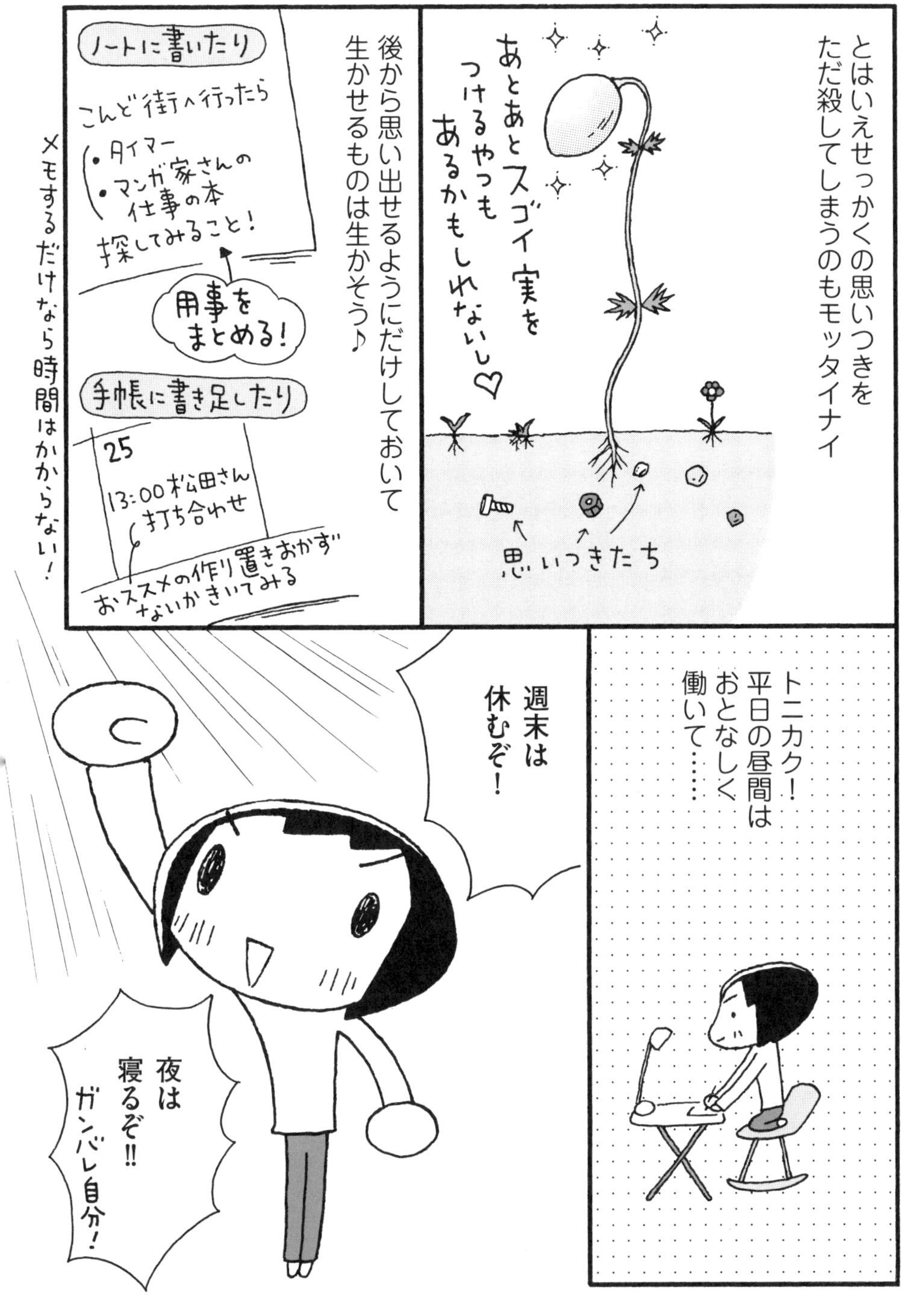
とはいえせっかくの思いつきを
ただ殺してしまうのもモッタイナイ
あとあとスゴイ実をつけるやつもあるかもしれないし♡
思いつきたち
後から思い出せるようにだけしておいて
生かせるものは生かそう♪
ノートに書いたり
こんど街へ行ったら
・タイマー
・マンガ家さんの仕事の本
探してみること！
用事をまとめる！
手帳に書き足したり
25
13:00松田さん打ち合わせ
おススメの作り置きおかずないかきいてみる
メモするだけなら時間はかからない！
トニカク！平日の昼間はおとなしく働いて……
週末は休むぞ！
夜は寝るぞ!!
ガンバレ自分！

デジタル時計はちょっと苦手
なぜなら…
何時かな？
12:34
あっ
1、2、3、4だってー♪
あははー
…で何時？
12:35
数字に気をとられて時刻がよく読めないので

中 高生の頃——
定期試験の前は
勉強せえよー
中間テスト
範囲
教科書 P.42〜
カッ カッ
カッ
部活は休みで早く帰れる
なんか楽しー
寄り道したり…
ファンシー
文具
試験まで1週間！とか
言われてもピンとこなくて
まだ
やらなくて
大丈夫
過ぎていく日々
15
14
13
12
11
試験の日が
近づいてくると…

そろそろ
やらないとなあ…
と思いつつ
持ってる
鉛筆全部を
ピンピンに
とがらせたり
普段はしない
片づけをしたり
そして試験の前日に
思いきり味わう…
わっもう明日だ!
ええと明日は
理社国…
範囲は
どこだっ!
あわわわわわわわ
妙な解放感
ぱっ
まっ!
今から
やっても
ムリか〜
おい!

第3章

「そわそわ」追い出し大作戦！

週が明けて——
月曜日朝
平日の昼間はびしっと働いて
夜は寝るぞ！週末は休むぞ！
ノートに全部書き出してみた
今週の仕事
Ⓐ
Ⓑ
Ⓒ
そのためには今日こそは
これらの仕事をできる限りガンガン進めて…
…いや待てよ…
いっつもそう思うんだわ
ガンガン進めるぞ！って
パタ
…だけど思うようにガンガン進められたことはないよね？
ただの一度も！
そうだ…
ゴソ
ゴソ
紙置き場
再生紙
ラクガキ帳
これこれ！

ざら紙のラクガキ帳に
太いペンで
○月×日（月）
マンガの下描きを
○○さんにFAX
まずこれ！
今はこれ！
あれもこれもやろうとするから
やることがたくさんっ!!!
それだけでくたびれるんだって！
私がアタフタしないように
今はコレ！
と指令を出してやろう！
こうしてようやく下描きを描き終えて…
先週から描きかけてたやつ
FAX！
じじじじじ
10分後——

なんだか落ち着かないーーー
そわ
そわ
そわ
さっきファックスした下描きを
これでよかったのかなあ…
読み返してみたり…
はっ!
このソワソワがいけないんだってば!
何かがなんとなく
気になって
ソワソワソワソワ
仕事が手につかない
いつのまにか時間が…
気にならないようにしよう!

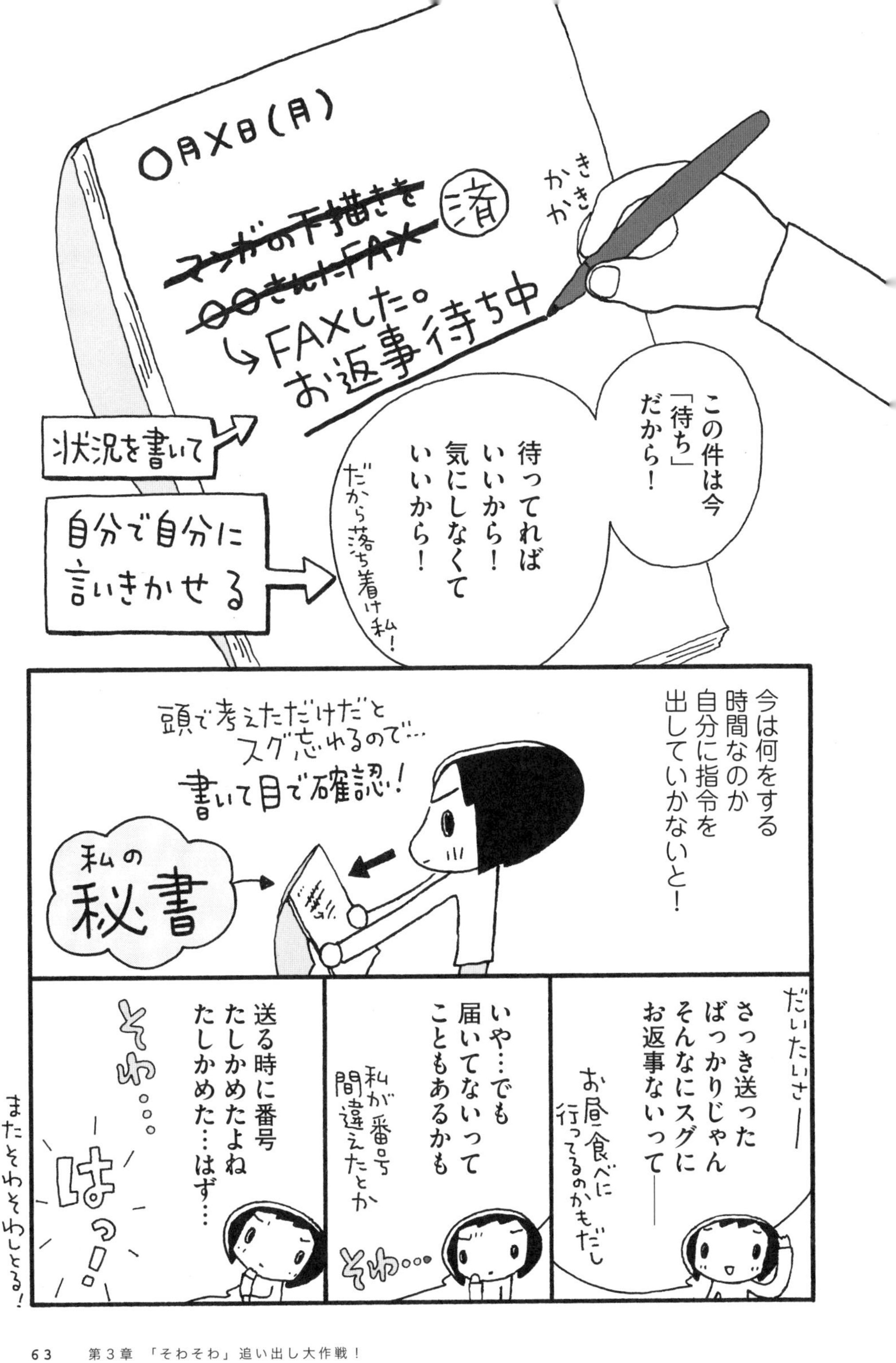
○月×日（月）
マンガの下描きを
○○さんにFAX
済
→FAXした。
お返事待ち中
かきかき
状況を書いて
自分で自分に言いきかせる
この件は今「待ち」だから！
待ってればいいから！
気にしなくていいから！
だから落ち着け私！
今は何をする時間なのか自分に指令を出していかないと！
頭で考えただけだとスグ忘れるので…
書いて目で確認！
私の秘書
だいたいさー
さっき送ったばっかりじゃんそんなにスグにお返事ないって――
お昼食べに行ってるのかもだし
いや…でも届いてないってこともあるかも
私が番号間違えたとか
そわ…
送る時に番号たしかめたよねたしかめた…はず…
そわ。。。
はっ！
またそわそわしとる！

そんなに気になるなら
○月×日（月）
ガの下描きを○さんにFAX
済
→FAXした。お返事待ち中
15:00まで待ってみてご連絡なければお問い合わせす
電話して聞いてみればいいじゃん！
いつ頃お電話するかも決めとこう！
さあ！この件はとりあえずここまで！
今はご連絡待ち・・
目で確認！
送った下描きが目につくとどうしても気になるから
いったんしまっちゃえ！
途中の仕事
自分の持ち時間は限られてるんだからあとはそれをどのくらい濃く使えるかだ！
ソワソワしている時間を減らして
あれや
これや
ぎゅぎゅっと集中できてる時間を増やす
しーん
カリカリカリカリ

いつ来るかわからない
集中タイムを
ぼーーー　っと
待つのはもうやめだ！
なぜかごくたまに訪れる
集中タイム
キラーーン
もりもり
これをアテにしてしまって
普段ダラダラ
これからは自分の集中は
自分でコントロールするぞ！
自在に呼び出せ
集中タイム！
〇月×日（月）
マンガの下描きを
〇〇さんにFAX
済
↳FAXした。
お返事待ち中
☆時間の本について
考える
それでは早速
気持ちを切り替えて
次の仕事に…

集中できたら
世話ないよな〜
やる気しね――
言うのは簡単なのだ
始めるまでが
まず大変!
うへ――
ハードル
始めることさえできれば
ナントカドウニカ
しばらくは
もつんだけど…
作戦その1
音楽をかける
気分に合わせて選ぶ
アップテンポな曲
だったり
落ち着いた曲
だったり
映画のサントラ
とかもBGM向き
(もともとBGM
だから?)

音楽があると…
部屋の雰囲気が変わる
リズムがあるのでなんとなくはずみがつく
音符で雑念を追い出せたり
そわそわ
そわそわ
そわそわ
そわそわ
日本語の歌詞がない方が気にならなくていいけど
ついまじめに聞いてしまう
ウンウン
特に気持ちがザワザワするときは歌詞ありの方が落ち着くことも
いったん歌詞に集中して気を鎮める
フムフム
そのうち気分が変われば音楽を変えたり
音が邪魔に思えてきたら停めたり
臨機応変に！
作戦をスムーズに実行するために…
壊れたミニコンポの代わりに
10年前の
最近音が出ないことの方が多い
もんやり
CDかけたいけど…
かかるかなあ…
CDラジオを買いました
¥3,980
さくっとかけられてストレスなし！
これでしばらく集中できる！

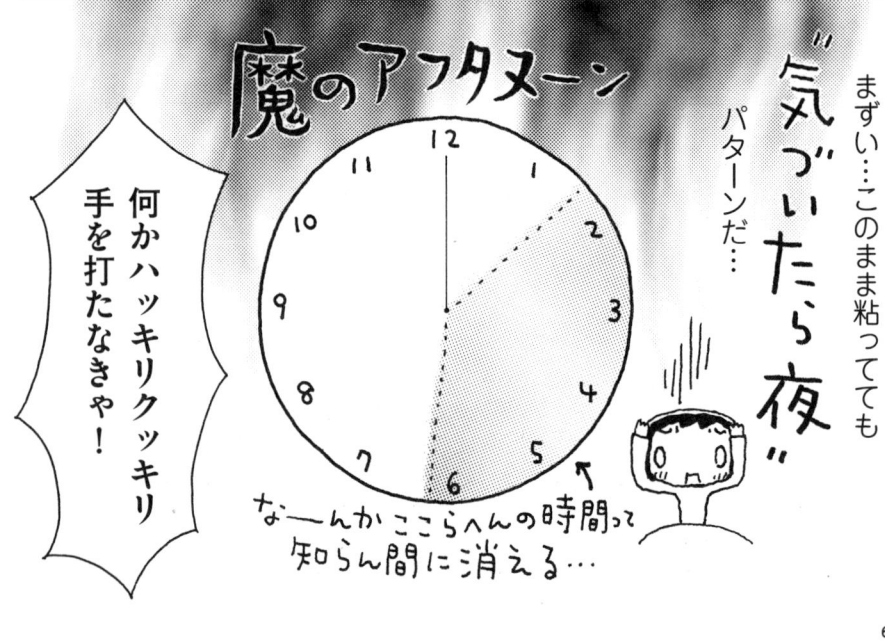

けどそのうちになぜか
ふっー
と集中が途切れて…
ぐるぐる
同じことを描いたり消したり
はっ！
いかんいかん！
ほっといたらこのまま何時間でもぐるぐる…
作戦その2
コーヒーを飲む
がんばれ
がんばれ
仕事…せな…
シマッタ手遅れだ
完全に途切れてる…
まずい…このまま粘ってても
"気づいたら夜"
パターンだ…
魔のアフタヌーン
なーんかここらへんの時間って知らん間に消える…
何かハッキリクッキリ手を打たなきゃ！

作戦その3
外に出て歩く
外の空気を吸って
体を動かせば
気分も変わる
見慣れた近所の景色でも
家の中に比べれば変化がいっぱい
下手に粘って何時間も無駄にするぐらいなら
がんば…ら…
な…
きゃ…
30分とか散歩しちゃう方がずっとマシ！
サボってるんじゃないのよ――♪
そして帰宅――
はあ――スッキリし…

た…
はず
なんだけど…
なんかあのへん
ドンヨリしてない⁉
さっき仕事してたあたり
まずい
つられて
ドンヨリしてきた
外のサワヤカさの余韻が
残っているうちに
やりかけの仕事をまとめて…
ちゃぶ台から
窓際の机と椅子の方へ
移動！

作戦その4
姿勢を変える
姿勢が変わると気分も変わる！
ちゃぶ台で
机で
時々床で
本
本
本
画材
PC関連
6畳間（団地サイズ）
ドンヨリしそうになったら移動！

夜なら
移動した先に電気スタンドを持ってくるとそこが中心ぽくなって落ち着く
明るいとシャッキリ！
作業がサクサク進んでいる間はわりと集中できる
けど…

行き詰まってくると
あら？？
ここはどうすれば？？
集中も途切れがち
ぐるぐる
ぐるぐる
考えてるつもり
はっ！。
私…またフリーズしてたっ！
スグ落ちる
こ…こんな時はっ
今後の進め方を秘書と相談

☆時間の本について考える
1.
2.
3.
手順をわざと細かく分けて書いてみたり
ガンバレ!
励ましの言葉を書いてみたり!
これが意外と効く
考えた手順のとおりにいくことはあまりないけど…
とりあえず進められる♪
何していいかわからなくて
じーっとしてる
よりはいい
ちょっとしたことでも終えられると
済
ギュギュッ
1.
2.
3.
気持ちいいっ!!!
けど…どういうわけかそのうち絶対行き詰まる…
イメージ
もやもや
チーン
ぎちぎち
フリーズ
仕方がないので…

この仕事は
いったんしまって…
クリアフォルダ
エコバッグ
（「時間の本」袋）
作戦その5
別の仕事をする
パソコンでイラストを描いている
気持ちを切り替えて
別のことをしてから…
新鮮な頭で再開すると
あれ？
ここって
こうかも？
わからなかったことに
スンナリ気づく
ことも！
おトク！

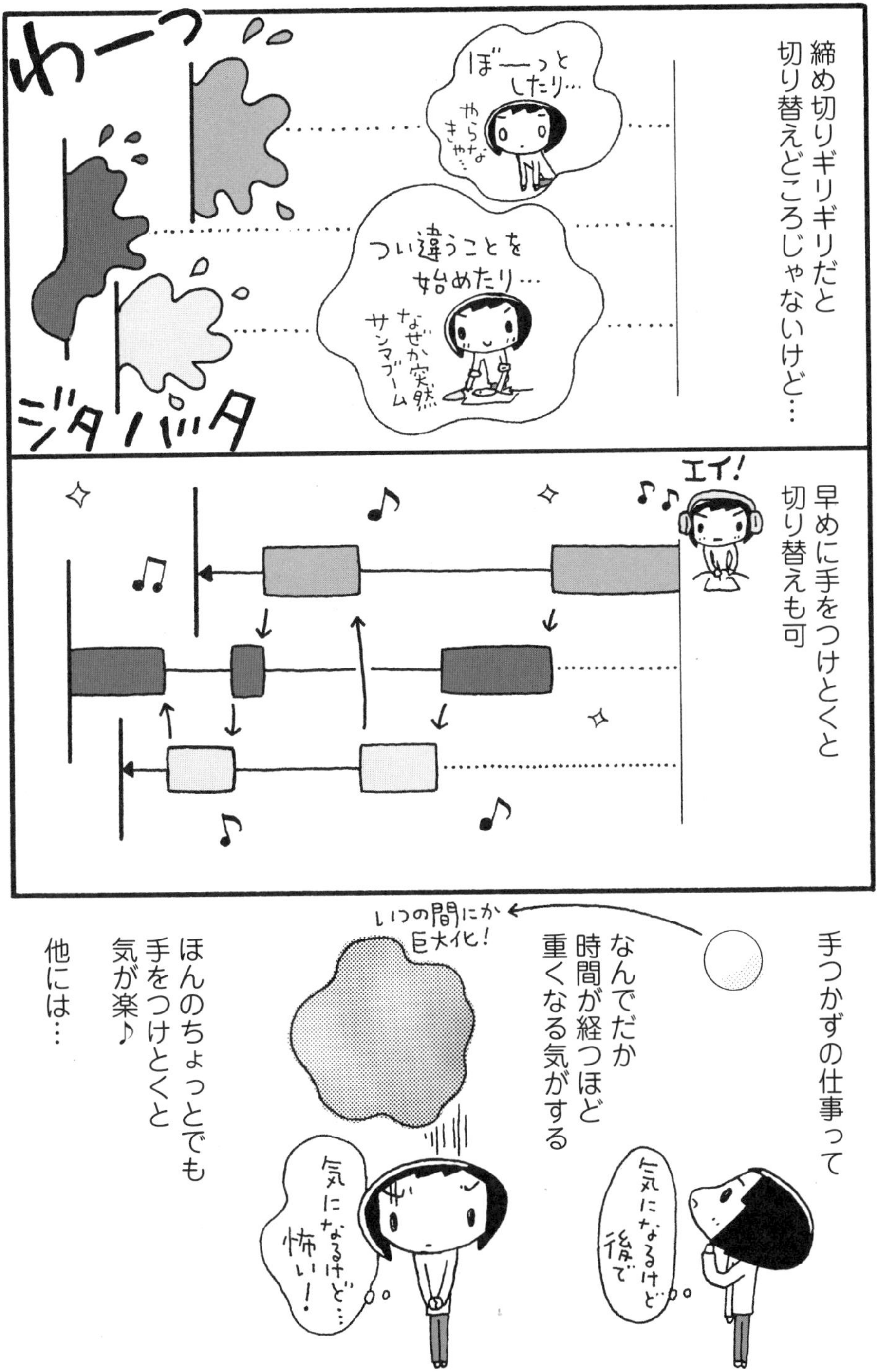
締め切りギリギリだと
切り替えどころじゃないけど…
ぼーーっとしたり…
やらなきゃ…
つい違うことを始めたり…
なぜか突然サンマブーム
わーっ
ジタバタ
早めに手をつけとくと
切り替えも可
エイ!
手つかずの仕事って
気になるけど後で
いつの間にか巨大化!
なんでだか
時間が経つほど
重くなる気がする
気になるけど…怖い!
ほんのちょっとでも
手をつけとくと
気が楽♪
他には…

作戦その6
体を動かす家の用事をする
お風呂を洗ったり
食材の買い出しに行ったり
ゴミ出しの準備をしたり
洗濯物を畳んだり
自宅=仕事場なので
"どっちみちやらなきゃいけないこと"を気分転換に使うとおトク
けど…用事ばかりでは息がつまるので
ぜー

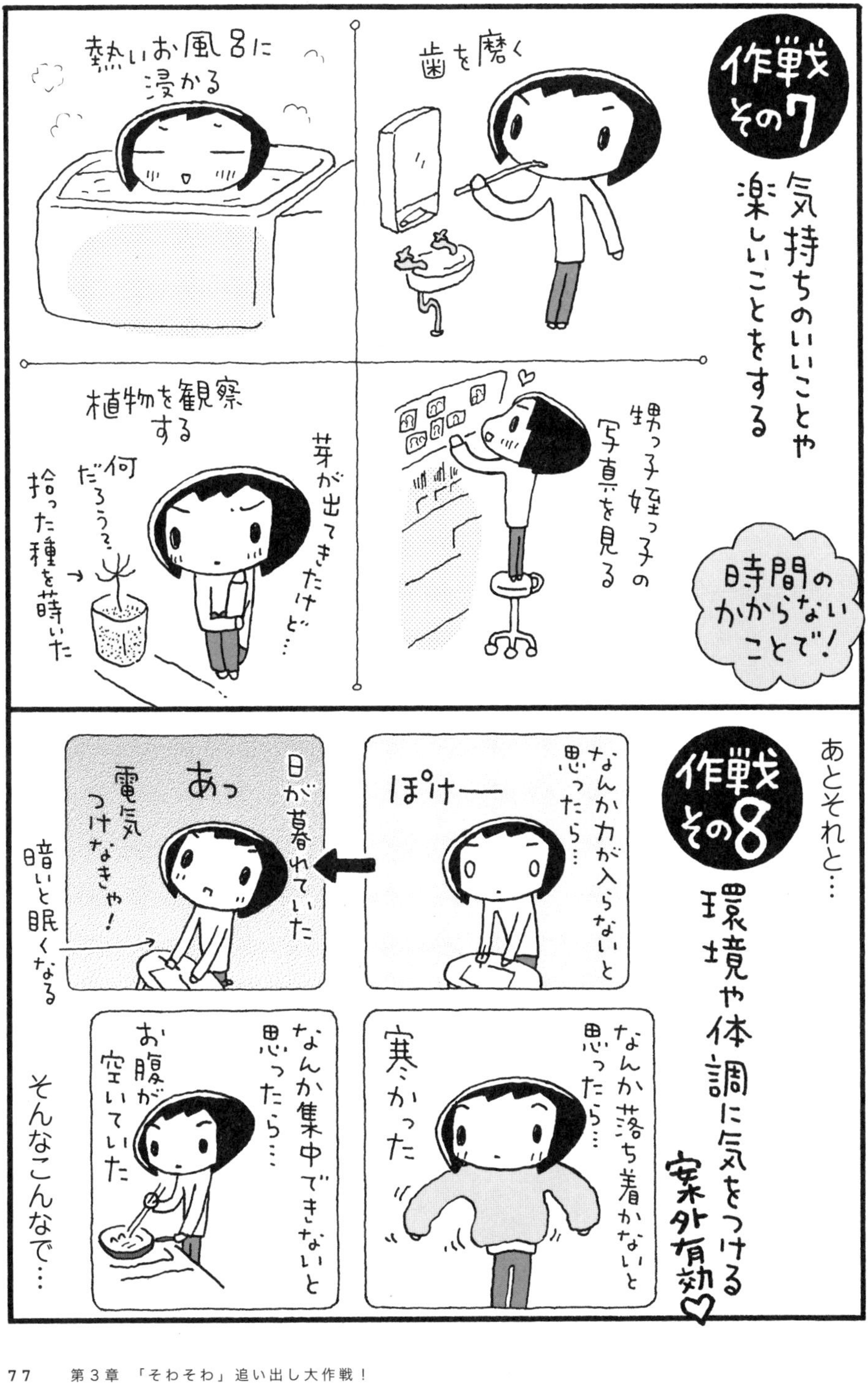

作戦その7
気持ちのいいことや楽しいことをする
歯を磨く
熱いお風呂に浸かる
甥っ子姪っ子の写真を見る
芽が出てきたけど…
何だろう？
拾った種を蒔いた
植物を観察する
時間のかからないことで！
あとそれと…
作戦その8
環境や体調に気をつける
案外有効♡
なんか力が入らないと思ったら…
ぽけー
日が暮れていた
あっ
電気つけなきゃ！
暗いと眠くなる
なんか落ち着かないと思ったら…
寒かった
なんか集中できないと思ったら…
お腹が空いていた
そんなこんなで…

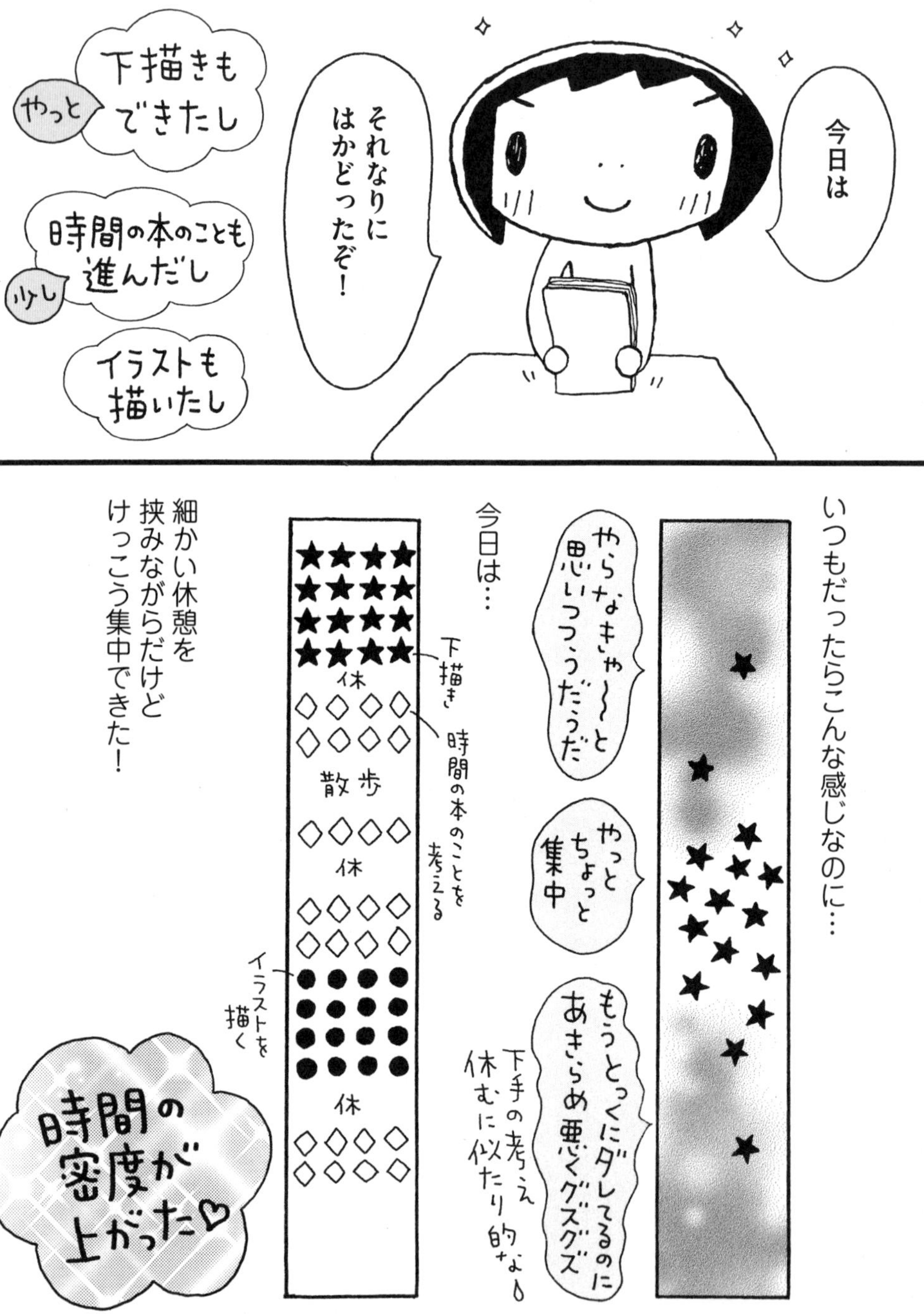

今日は
それなりにはかどったぞ!
やっと
下描きもできたし
少し
時間の本のことも進んだし
イラストも描いたし
いつもだったらこんな感じなのに…
やらなきゃ〜と思いつつうだうだ
やっとちょっと集中
もうとっくにダレてるのにあきらめ悪くグズグズ
下手の考え休むに似たり的な
今日は…
下描き
休
時間の本のことを考える
散歩
休
イラストを描く
休
細かい休憩を挟みながらだけどけっこう集中できた!
時間の密度が上がった♡

私はよく〝実は座ってるだけ〟状態になってるから
何かが気になってソワソワしてたり
半分意識がなかったり
煮詰まってたり
ぐるぐる ぐるぐる
考えてるつもり
自分で自分をよーく見張っておいて
ピピー
はっ
完全にエンストする前に切り替えたり休んだりすれば
もっといろんなことができる気がする!
頑張るぞ!

時計を少し進めておいたりすると…
10分進めて…
10分前行動だ！
9時だ！出なきゃ！
用事がある
いや…でも本当はまだ8時50分
いや…15分進めたんだっけ？それとも5分？
アタフタ
ホントはいま何時っ!?
かえってパニックに…
私はピッタリに合わせておく方がいいみたい

TV対策

TVには時間をとっていくワナがいっぱい…
クイズ形式だと…
正解はCMの後!
どうしても正解が気になる…
ランキング形式だと…
第36位!
どうしても1位が気になって延々見てしまう
ワナにかかってばかりのワタクシ…
じー
好きなタレントさんが来ているだけで…
そのうち何かしゃべるのではとずーっと見てしまう…
ほとんど映らないのに…
まもなく○○登場!
…といいつつ1時間ぐらい待たされたり…
ご本人と思わせといてモノマネの人だったり…
ムキーー!
どんだけ釣られやすいんだ私!
ていうか普通に見させてー。
最後どうなるか気になってずっと見てたのに…
体験もののバラエティーとかで
衝撃の結末は次週!
えー!
衝撃のおあずけ…
もう録画でしか見ません。
待ちきれないほど好きな番組以外は
早送りっ!

手メモにご用心

ある日のこと…
あっアイツだ!

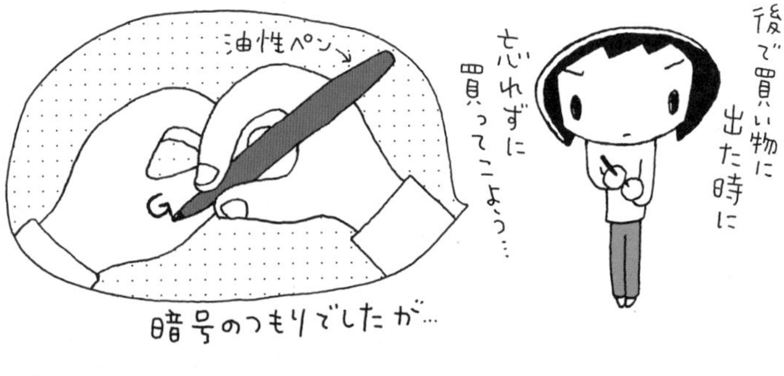
後で買い物に出た時に
忘れずに買ってこようっ…
油性ペン
暗号のつもりでしたが…

なんか丸見えの
ホイホイ
バレバレ♪

第４章
「時間を作る」って、こういうこと!?

朝
今日も1日頑張るぞ!
昨日のページを破って…
秘書
(ラクガキ帳)
ベリッ
ビリビリ
♪
さあ! まっさらな1日だ!
ええと今日は…
夕方に打ち合わせ一件…と
17:00
松田さん
午前中
打ち合わせまでまだタップリ時間あるよね
昼前
まだまだ大丈夫
午後
そろそろ支度を…イヤイヤまだ早いって…
はっ!

まただ!
これがいけないんだ!
夕方の打ち合わせが
気になって
1日中ソワソワ!
そのくせ遅刻したり…
げっ! もう出なきゃ!
ええと
気にならないように
するには…
路線
携帯
電車の時間を調べて
家を出る時間を決めて…
出る30分前に
支度を始めれば
いいよね
支度を始める
時間にアラームを
セット!
さらに…
何のアラームか忘れて
スルーする恐れがあるので
何だよ
ウルサイなあ
ピッ
解除!
秘書にも
言っとく!
17:00
松田さん
16:15の
電車乗る!
これで
アラームが鳴るまでは
他のことに
集中できる!

そして打ち合わせ——
遅れずに来た↓
髪かわいてる
どうですかー最近は
それがですね！
聞いてくださいよ！
平日の昼間は仕事をしていますっ!!!
？
今まではしてなかったの…？
そして
ああしてこうして…
ここはこうの方が…
あ！ホントですね
無事に打ち合わせも進み…
じゃあ来週までによろしくお願いします！
ハイ！

帰り道――
よーし
あれこれ頑張るぞ!
あれこれ…
あれこれって何だ?
そうだ自分会議やって帰ろ
CAFÉ
自分会議とは――
自宅以外の場所で

気になってる用事を
洗いざらいみんな
なんでもノートに
書き出すこと
なんでもノート
書いて出しちゃえば
頭の中が
スッキリ☆
ノートカバー
市販のA5ノート
なんでも
かんでも
ここに書く
秘書
その日や
その時やることを書く
ラクガキ帳
終わったページは破いて捨てる
手帳
人と会う約束などはここに書く
カレンダータイプ
自分の名刺も手帳のポケットに入れておく
ヤヤコシめの
考えごとが
ある時は
紙でなくPCに
書くことも
うだうだうだ
うだうだ
うだうだ
オフラインで
書いたり読んだり
してるうちに
整理されて
くるので
それから人に
相談したり
ああ…!

今かかえてる仕事や用事とか
やることリスト
それらをやる順番とか
ほんのちょっとでも気になることはゼンブ書き出す
ソワソワのもと!
もう他にはなかったかな?
あとそれと…
そのうちやってみたいこととかも書く
たとえば10年後私は
どこで何をしてるだろう?
…………

全っ然 わかんないわ
状況も 変わってる だろうしなあ…
それでも 何かしら
絵を描く仕事が できてたら いいなあ…
まっトニカク
全力を 尽くすのみ!
ゴクゴク

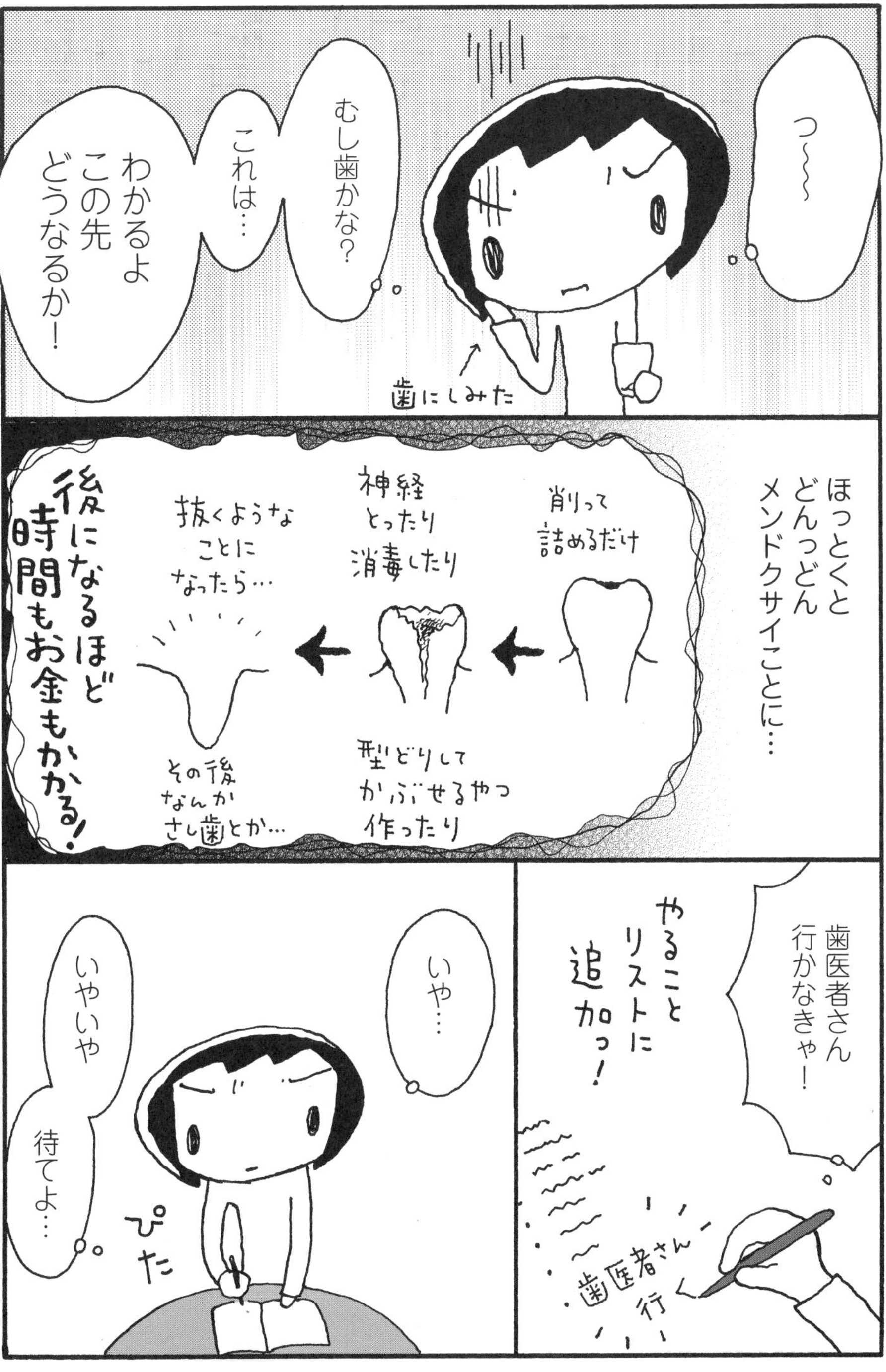
つ〜〜〜
むし歯かな?
これは…
わかるよ
この先
どうなるか!
歯にしみた
ほっとくと
どんっどん
メンドクサイことに…
削って
詰めるだけ
神経
とったり
消毒したり
型どりして
かぶせるやつ
作ったり
抜くような
ことに
なったら…
その後
なんか
さし歯とか…
後になるほど
時間もお金もかかる!
歯医者さん
行かなきゃ!
やること
リストに
追加っ!
歯医者さん
行く
いや…
いやいや
待てよ…
ぴた

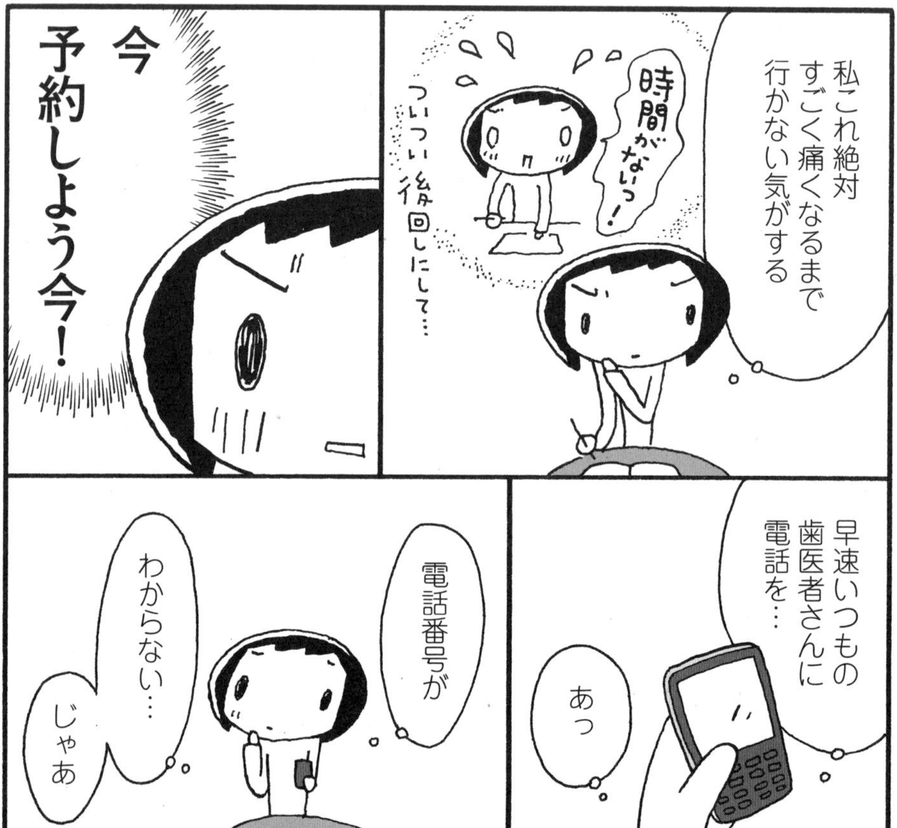
私これ絶対
すごく痛くなるまで
行かない気がする
時間がないっ!
ついつい後回しにして…
今
予約しよう今!
早速いつもの
歯医者さんに
電話を…
あっ
電話番号が
わからない…
じゃあ
家に帰って
診察券を見て…
○×歯科
いや…
私絶対忘れる!
家に着く頃には
忘れてる
その前に
この店出る頃には
いや
このノートを閉じた瞬間に
絶対忘れる!
歯医者さん
行く
そしてずーーっと
後回しに…

私は自分を信用していない

やっぱ今電話しよ!
今だ今!
携帯からネットにつないで番号を検索!
こうして
はい
では水曜日の15時に…
おねがいします
どうにか無事予約!
…あら? もしかしてこういうこと?
用事をまとめる!
歯に水がしみた
即歯医者さん予約
いつもならこんな感じなのに…
気になる
ほっとく
気になる
ほっとく
気になる
ほっとく
気になるしいつも痛い
やっと歯医者さんに行く
お金と時間のかかる治療
どうせ避けられない用事なら
そっか!
思いついた時にエイヤと予約しちゃえば何度も気にしなくてよくなる!!!
まとめついでに
今かけた番号登録しておこう
そして——
これで次は調べなくていい♪

後日歯医者さんにて
むし歯ですね
削って詰めましょう
早めに来てくれてよかったです
ほっ
よかった…1回で済んで
安く済んだし!
気になる用事をやっつけた!
そうかやろう! と思ったことは
自分から予定を入れてやっちゃっていいのだな
帰宅すると郵便受けに1枚のハガキが…
あらっ

ササキさん
個展やるんだ～
絵の学校の友人
来てね!
○月×日
19:00～
オープニングパーティー
オープニング
パーティーって
わい
わい
どんな感じ
なんだろ?
いつも
個展のハガキとか
いただくと
オープニング
パーティーかあ♡
行けたら
行くぞ!
…って思うんだけど

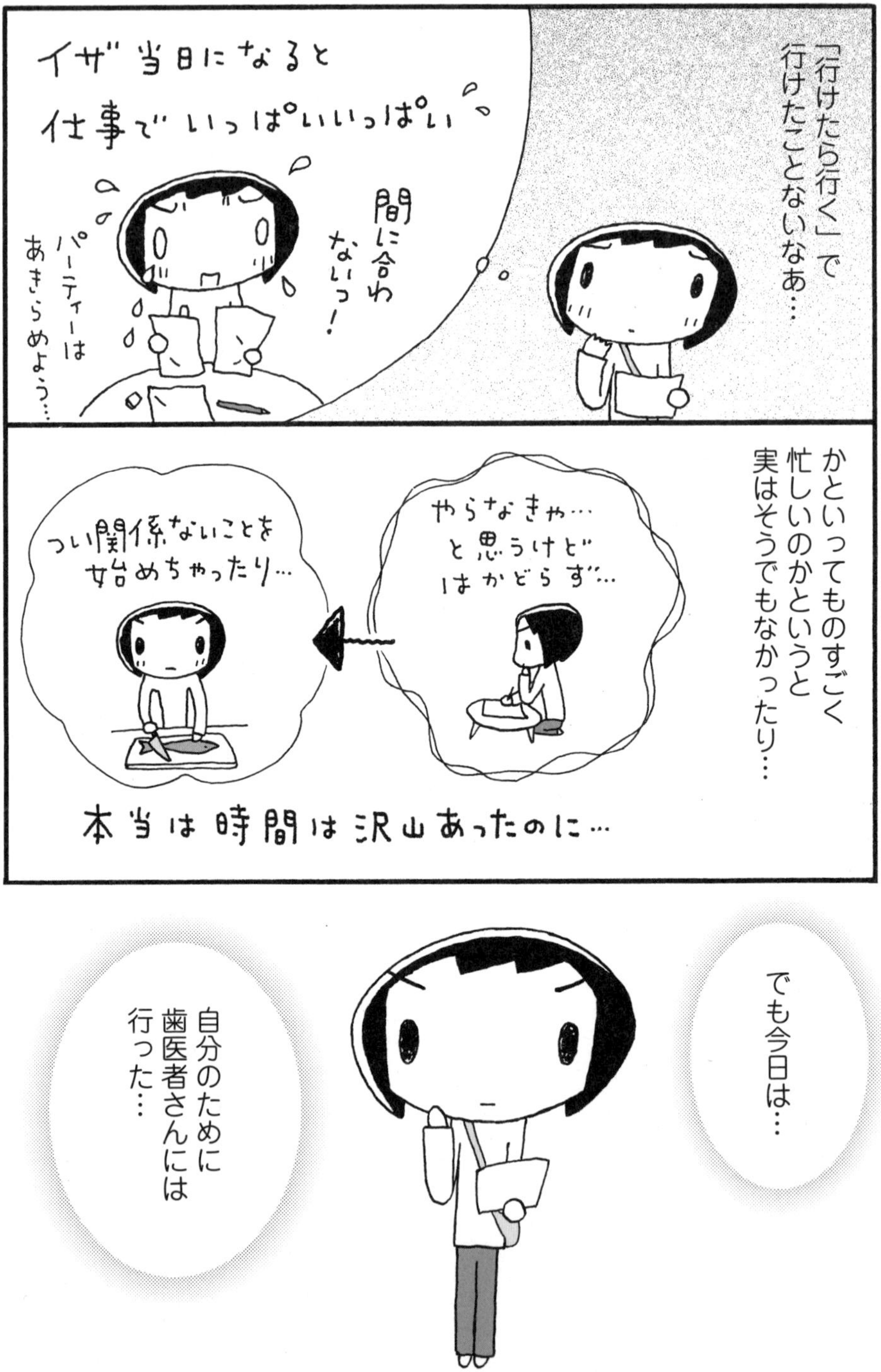
「行けたら行く」で
行けたことないなあ…
イザ当日になると
仕事でいっぱいいっぱい
間に合わないっ！
パーティーはあきらめよう…
かといってものすごく
忙しいのかというと
実はそうでもなかったり…
やらなきゃ…
と思うけど
はかどらず…
つい関係ないことを
始めちゃったり…
本当は時間は沢山あったのに…
でも今日は…
自分のために
歯医者さんには
行った…

時間を作って友達に会いに行ったって…
罰は当たらない…よね？
仕事も前よりはかどってるし…
よ…よし！
今回こそ本当に行くぞ！
事前にハッキリ予定に組み込んで！
「行けたら行く」じゃ永久に行けない
行くったら行く!!!

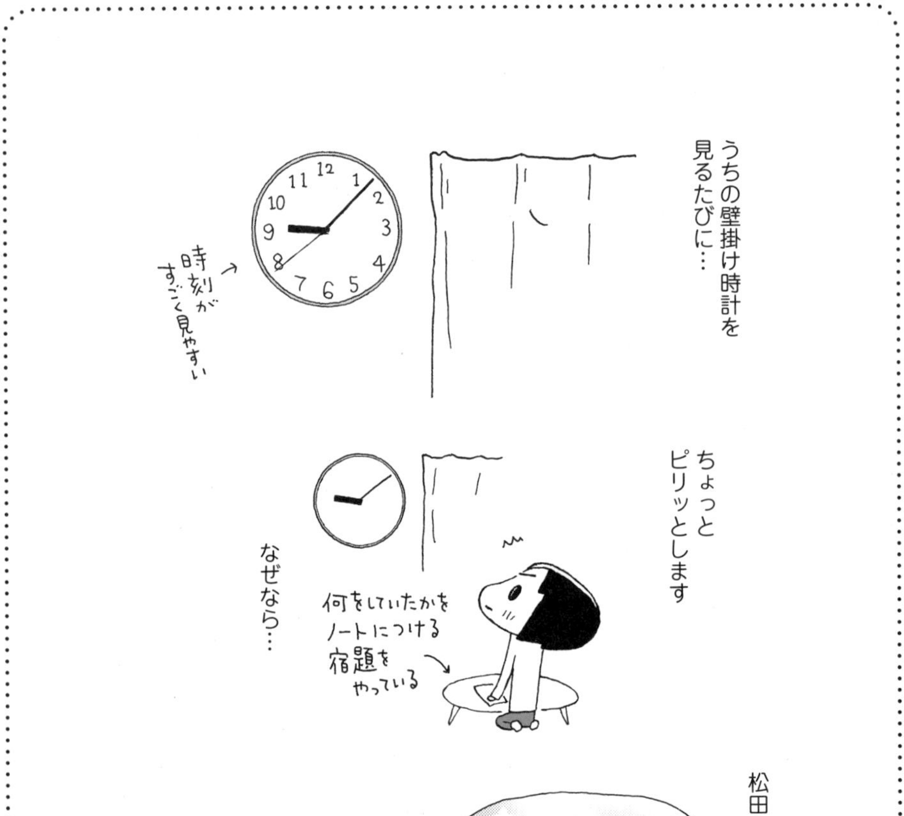
うちの壁掛け時計を見るたびに…
時刻がすごく見やすい
ちょっとピリッとします
何をしていたかをノートにつける宿題をやっている
なぜなら…
松田さんに頂いた時計だから
入籍&お引越しのお祝いは
時計でいいですか？
ニコニコ
あ あれ？
!?
あの時点ではまだ時間の本の話は聞いてなかったぞ？？

着信音でひとワザ

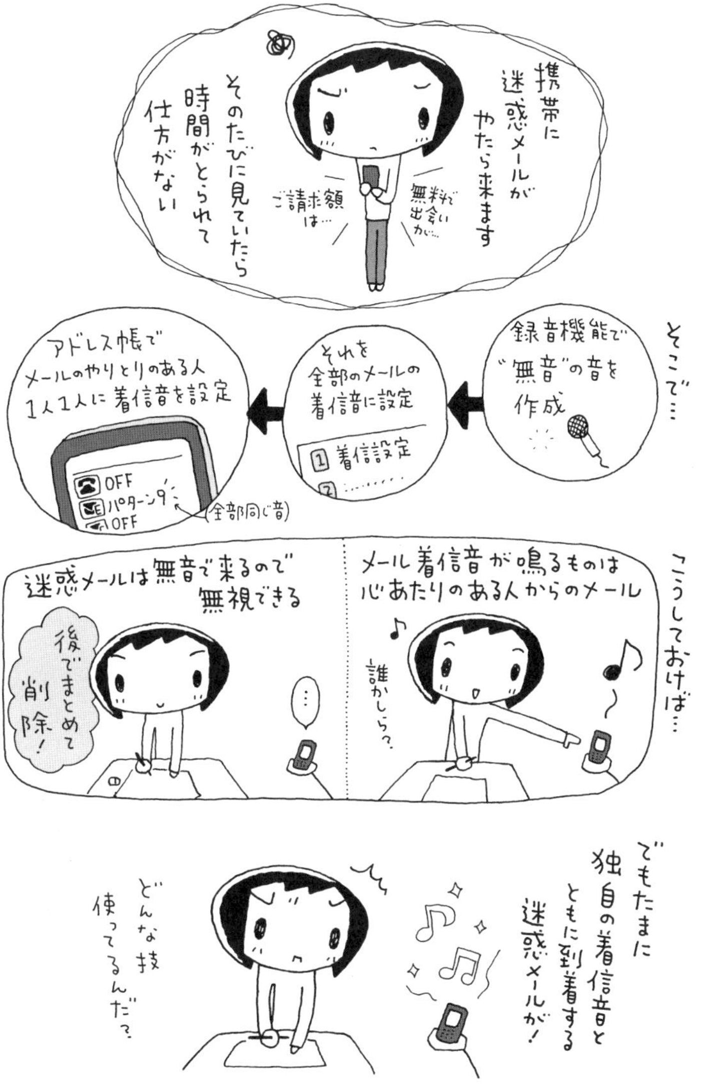
携帯に迷惑メールがやたら来ます
無料で出会いが…
ご請求額は…
そのたびに見ていたら時間がとられて仕方がない
そこで…
録音機能で"無音"の音を作成
それを全部のメールの着信音に設定
1 着信設定
2 ……
アドレス帳でメールのやりとりのある人1人1人に着信音を設定
OFF
パターン9
(全部同じ音)
OFF
こうしておけば…
メール着信音が鳴るものは心あたりのある人からのメール
誰かしら?
迷惑メールは無音で来るので無視できる
後でまとめて削除!
…
でもたまに独自の着信音とともに到着する迷惑メールが!
どんな技使ってるんだ?

「メンドクサイ」をやっつける

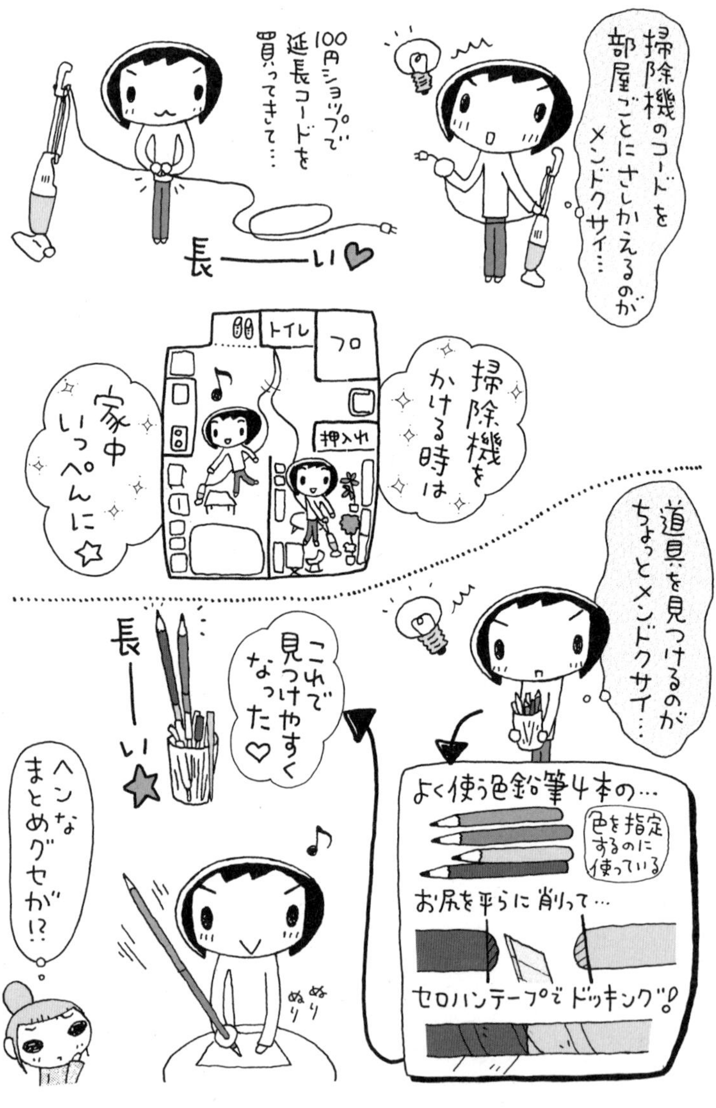

第５章
１日が見えれば、ラクになる！

友人の個展のオープニングパーティー当日
いよいよ今晩だ！
絶対行くぞ！
出かける仕度を始める時刻にアラームをセット！
朝セット
朝の仕事タイム
下描きを…
朝のうちはまだシャッキリしてるので頭を使う仕事向き
昼セット
昼頃に頭がもやっとするので
そういうサイクルらしい
ふぁー
手先を使う仕事に切り替え
ちゃぶ台に移動してペン入れ
そのうちに…
あっまた失敗…
ピピー

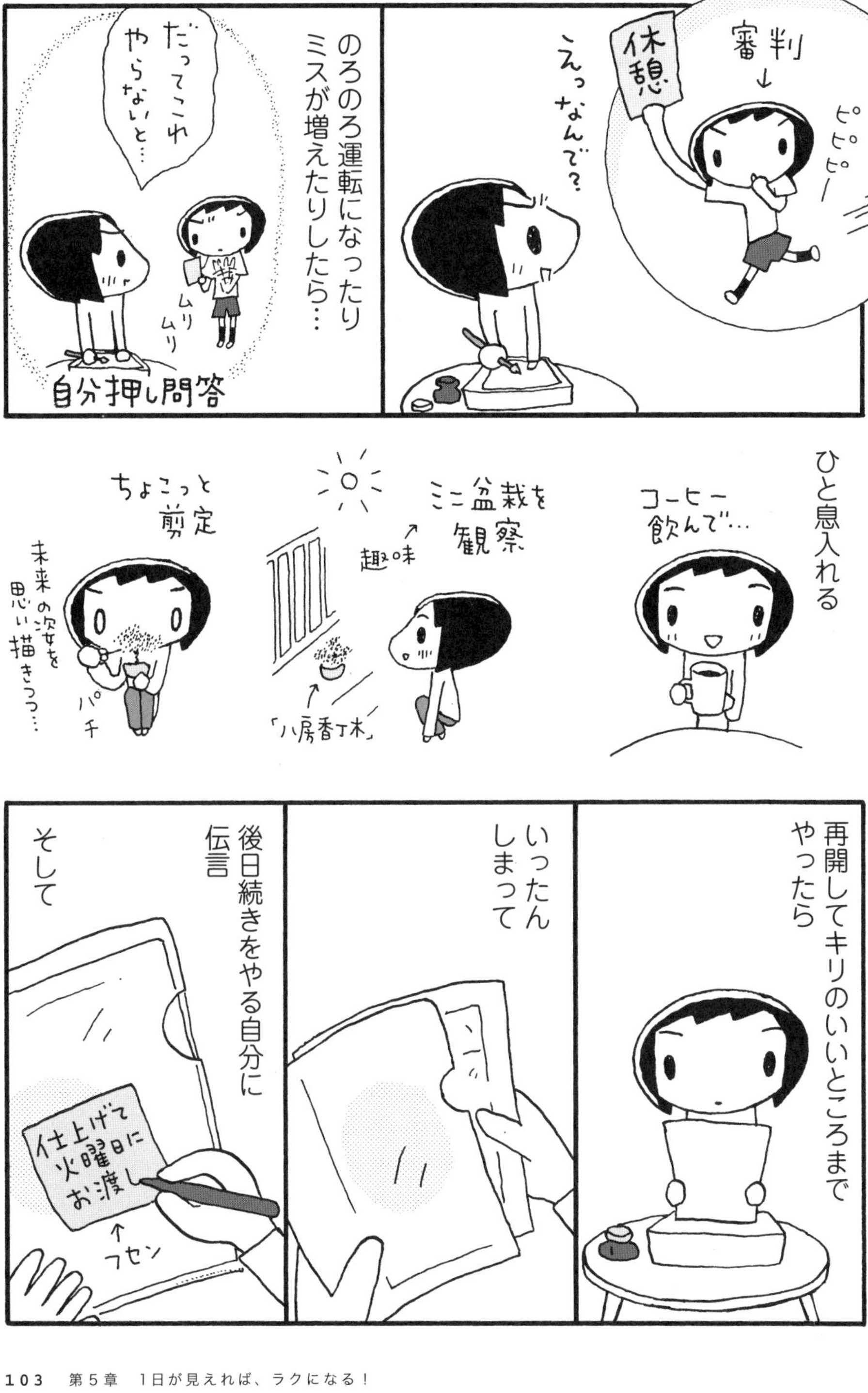
審判
休憩
ピピピー
えっ
なんで？
のろのろ運転になったり
ミスが増えたりしたら…
だってこれやらないと…
ムリ
ムリムリ
自分押し問答
ひと息入れる
コーヒー飲んで…
ミニ盆栽を観察
趣味
「八房香丁木」
ちょこっと剪定
未来の姿を思い描きつつ…
パチ
再開してキリのいいところまでやったら
いったんしまって
後日続きをやる自分に伝言
仕上げて火曜日にお渡し
フセン
そして

別の仕事をする
机に移って下描きの続き
そのうちに…
えっと ここは…
ピピー
えーなんでー?
ピピピピピ
同じところで3回つっかえたら
ちゃんと起きてるし考えてるよー
フリーズ
買い出しにでも行って頭冷やしてこい!
「フリーズ」と判定することにしてみた
ちぇー

たっだいまー
スーパー
さてと!
もうひと頑張り!!
そっか
ここはこうして…
それなりにでも仕事が進んでると
1日が長く感じるなあ…
ピピピピピピ…
よしっ!
予定通り出かけるぞっ!

個展会場
久しぶりー
個展おめでとう!
さしいれ
あっ池田さん
久しぶりー
ありがと!
素敵!
昨日まで準備でこもりっきりで大変だったよー
久しぶりー
あっユリちゃん久しぶりー

作品に刺激されたり
コンニチハ！
紹介するねー
のんでのんでー
普段話せない人と話せたり…

思いきって来てみてホントによかった！
こういう機会…もうちょっと増やしたいなあ…
BEER

あらっ

あの絵は！
ご自由におとりください
○○さんの個展があるんだ！
ずっと憧れてるイラストレーターさん
この絵もいいなあ…
なんでこういう風に描けるんだろう？
えっトークショー？
トークショー
○月×日(金)
19:30〜
本人来るの!?
創作のヒミツが聞けちゃうかも！
行きたい！
いいのかな…
いいよね？
よしっ行くぞ！

散らばっている用事を
昼セット
朝セット
まとめてやっつけて…
好きなことや
大事にしたいことの
ためにも
キュッ
キュッ
フーッ
時間を作ってあげよう！
そー

そして
トークショー当日
お話の内容に
目からウロコが！
さらに
気になっていたことを
ご本人に直接聞けて
ますます
ウロコが…！
ポロポロ
ポロポロ
打ち合わせの席でご報告
…というようなことが
あったんです…
ほうほう

仕事だけじゃなくて好きなこともできて
よかったですね♡
人生それも大事ですよ！
えっ
じーーん
仕事以外のことに時間を使ったので叱られるような気がしていた
?
ニコニコ
さて！
それはそれとして！
キラーン
来たっ！
時間の使い方の方は…
時間ノート
こんな感じですっ！

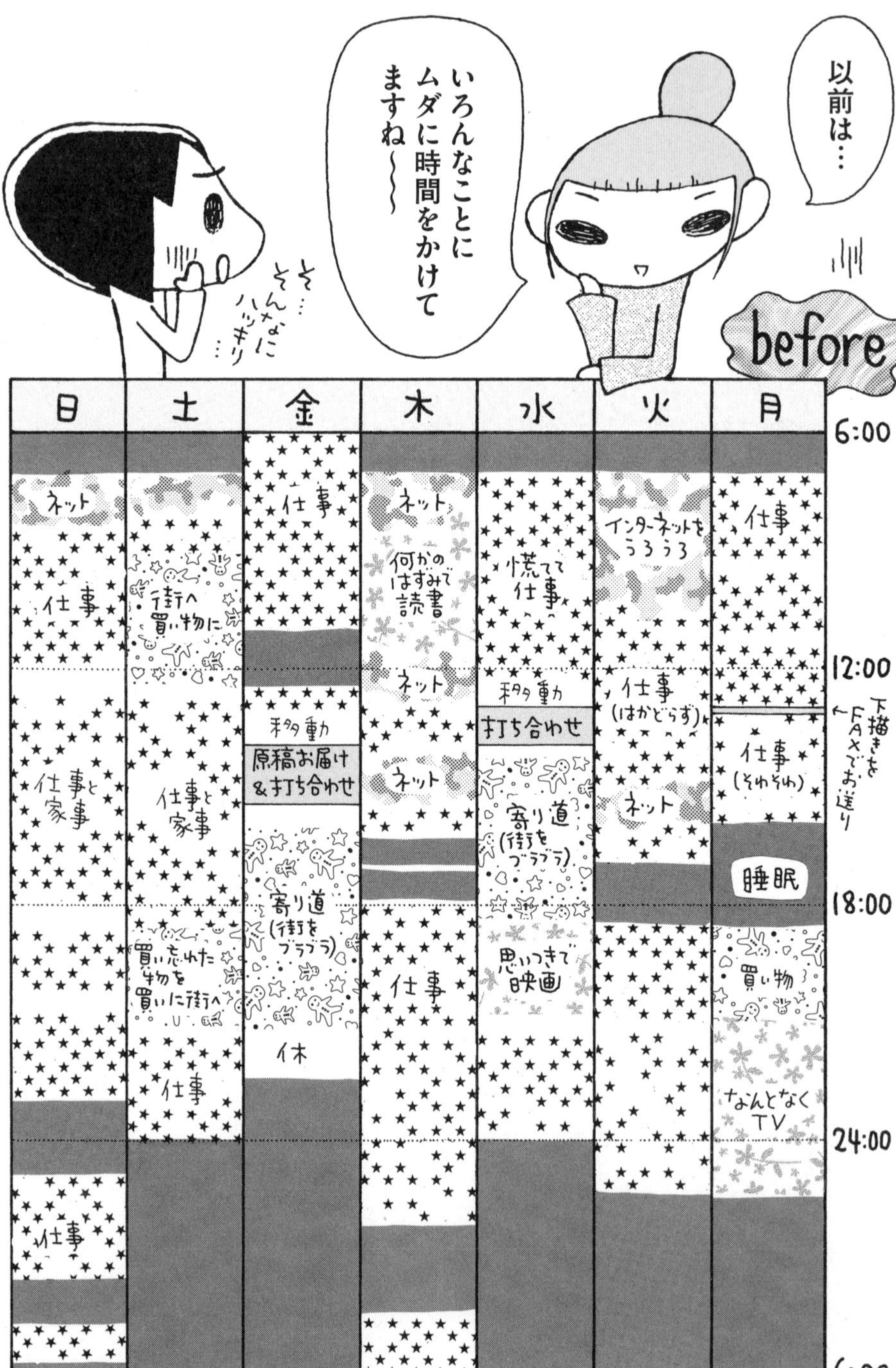
以前は…
いろんなことにムダに時間をかけてますね〜〜〜
そ…そんなにハッキリ…
before
月
火
水
木
金
土
日
6:00
12:00
18:00
24:00
6:00
仕事
仕事（そわそわ）
下描きをFAXでお送り
睡眠
買い物
なんとなくTV
インターネットをうろうろ
仕事（はかどらず）
ネット
慌てて仕事
移動
打ち合わせ
寄り道（街をブラブラ）
思いつきで映画
ネット
何かのはずみで読書
ネット
ネット
仕事
仕事
移動
原稿お届け＆打ち合わせ
寄り道（街をブラブラ）
休
ネット
街へ買い物に
仕事と家事
買い忘れた物を買いに街へ
仕事
ネット
仕事
仕事と家事
仕事

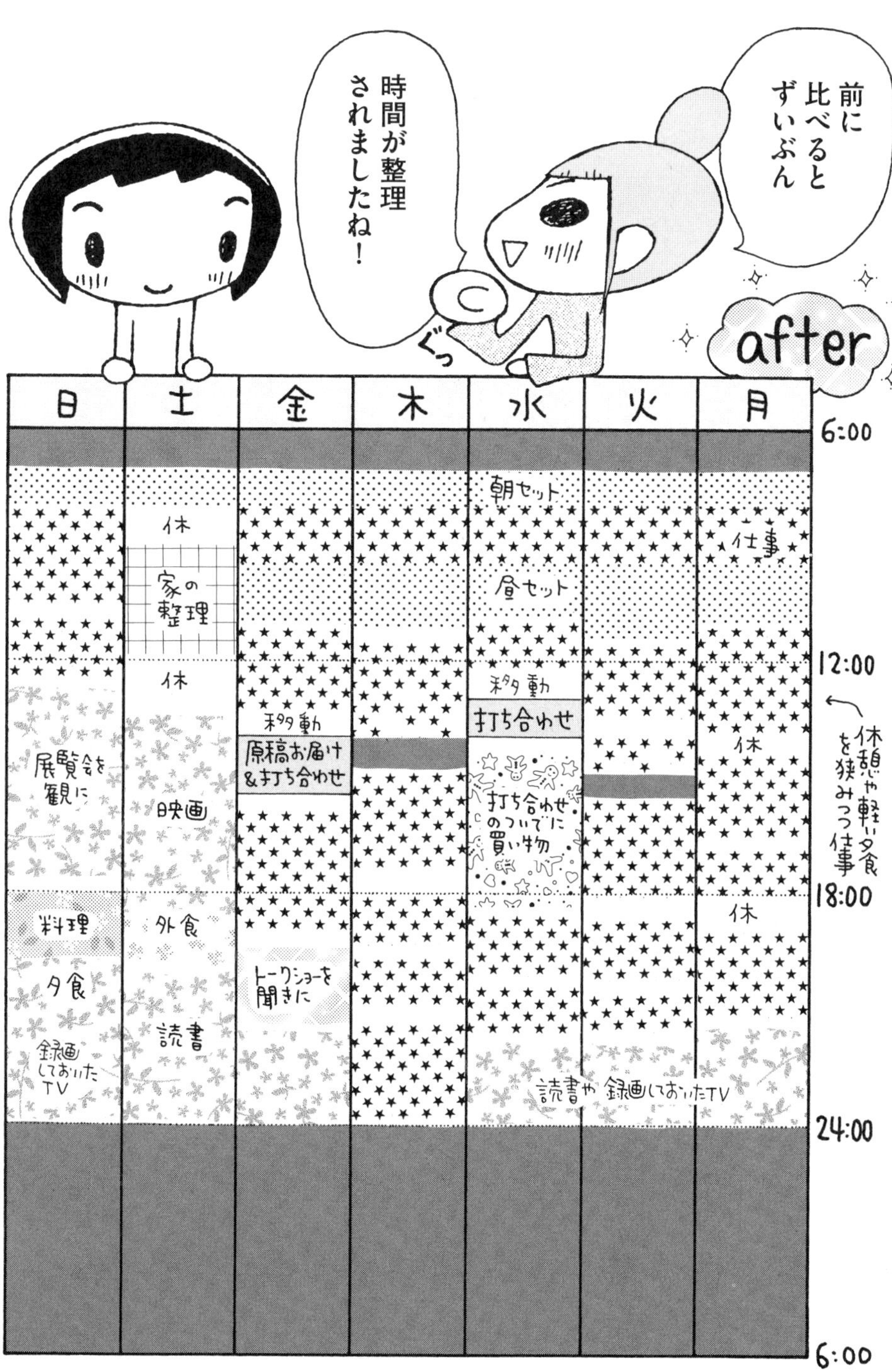

前に比べるとずいぶん
時間が整理されましたね！
ぐっ
after
日
土
金
木
水
火
月
6:00
朝セット
休
仕事
家の整理
昼セット
12:00
休
移動
打ち合わせ
移動
原稿お届け&打ち合わせ
展覧会を観に
休
休憩や軽い夕食を挟みつつ仕事
映画
打ち合わせのついでに買い物
18:00
休
料理
外食
夕食
トークショーを聞きに
読書
録画しておいたTV
読書や録画しておいたTV
24:00
6:00

どうですか？ 生活にメリハリがついたんじゃないですか？
前は何でも一緒くたでしたよ☆
メリハリ…
たしかに…
働く時は働いて
休む時は休む
時間を作って友達に会ったり
尊敬する人の話を聞きに行ったり
寝る時はちゃんとフトンで！

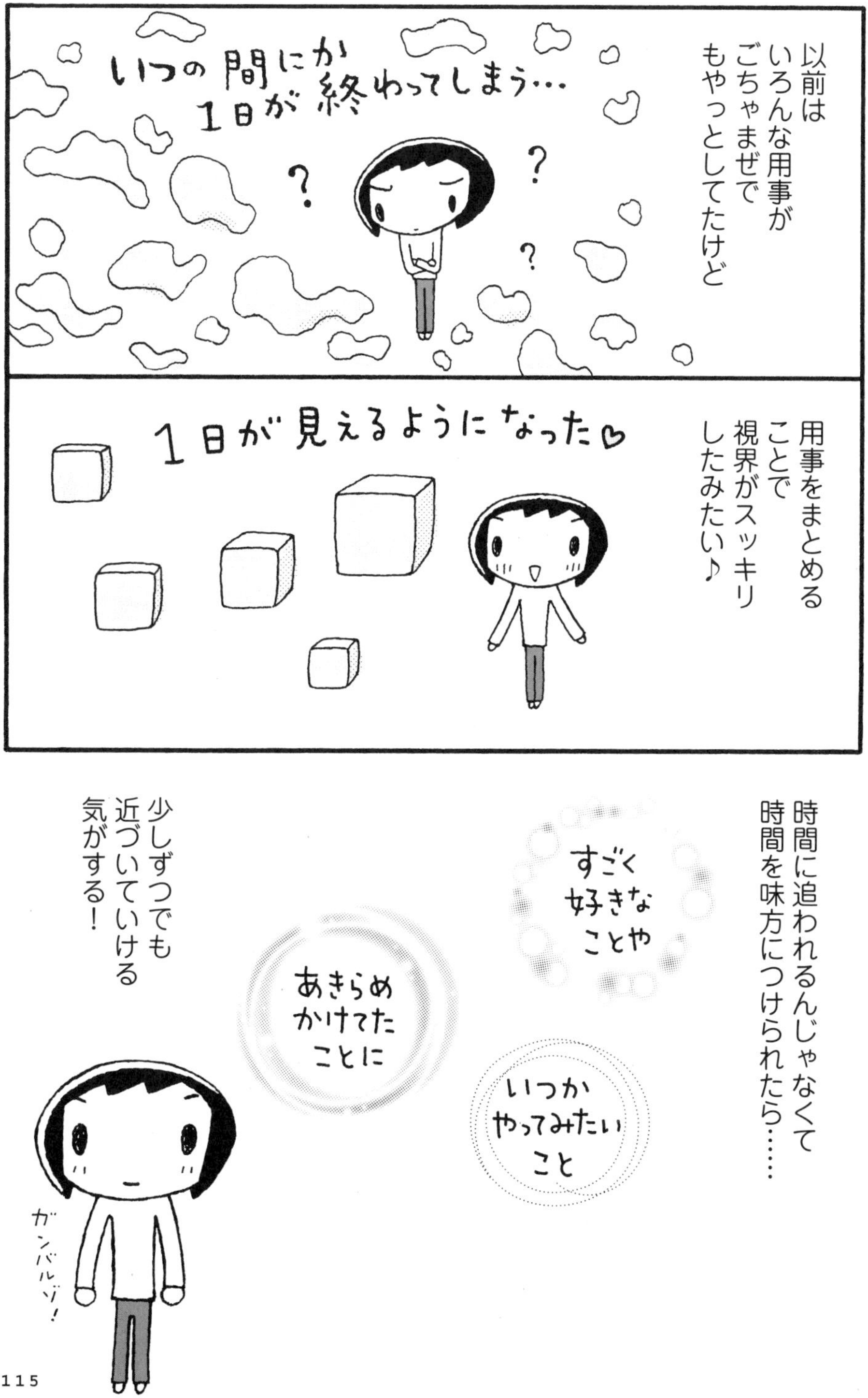
以前はいろんな用事がごちゃまぜでもやっとしてたけど
いつの間にか1日が終わってしまう…
?
?
?
用事をまとめることで視界がスッキリしたみたい♪
1日が見えるようになった♡
時間に追われるんじゃなくて時間を味方につけられたら……
すごく好きなことや
いつかやってみたいこと
あきらめかけてたことに
少しずつでも近づいていける気がする！
ガンバルゾ！

ポイントはたったひとつ! ★★★★★★★★★★★★★★★★

用事をまとめる
ぼわ〜
キュッ!
まとめてやっつけちゃえば
気にならなくなる♡

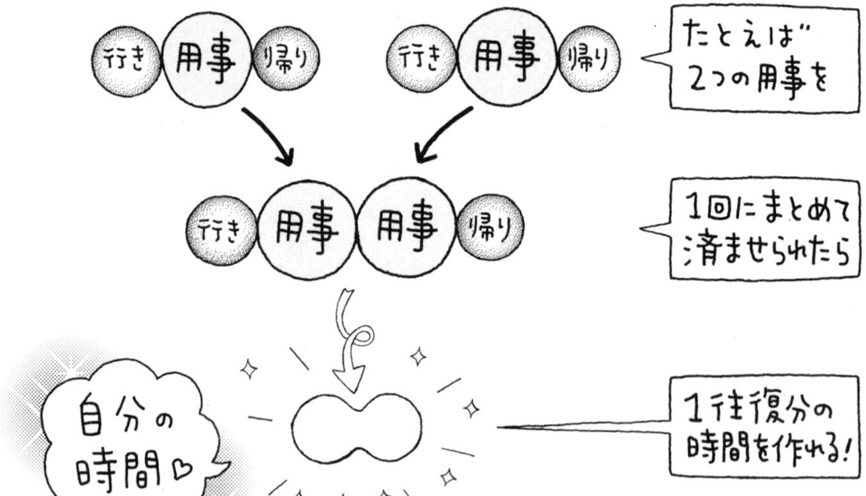
行き 用事 帰り
行き 用事 帰り
たとえば2つの用事を
行き 用事 用事 帰り
1回にまとめて済ませられたら
1往復分の時間を作れる!
自分の時間♡

★★★★★★★★★★★★★★★★★ もう一度おさらい 時間整理術

毎日の用事は… あらかじめセットにまとめておく

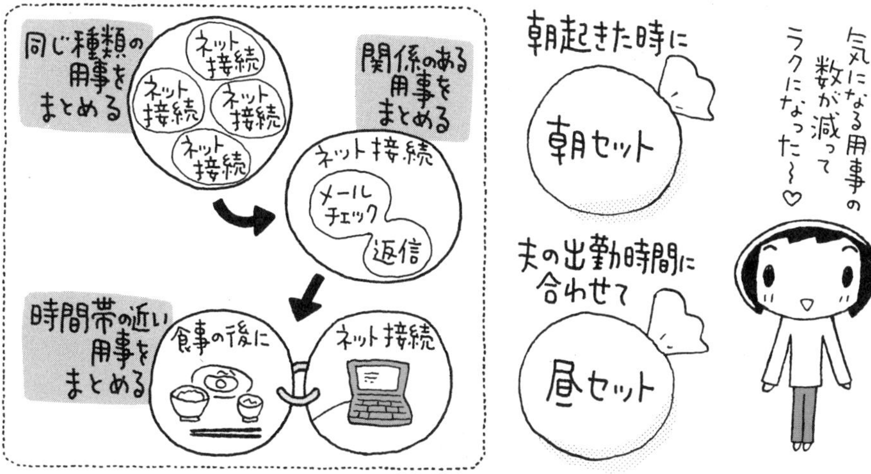

同じ種類の用事をまとめる
ネット接続
ネット接続
ネット接続
ネット接続
関係のある用事をまとめる
ネット接続
メールチェック
返信
時間帯の近い用事をまとめる
食事の後に
ネット接続
朝起きた時に
朝セット
夫の出勤時間に合わせて
昼セット
気になる用事の数が減ってラクになった〜♡

ちょこちょこ出てくる用事は… 数分でできることだけやる！

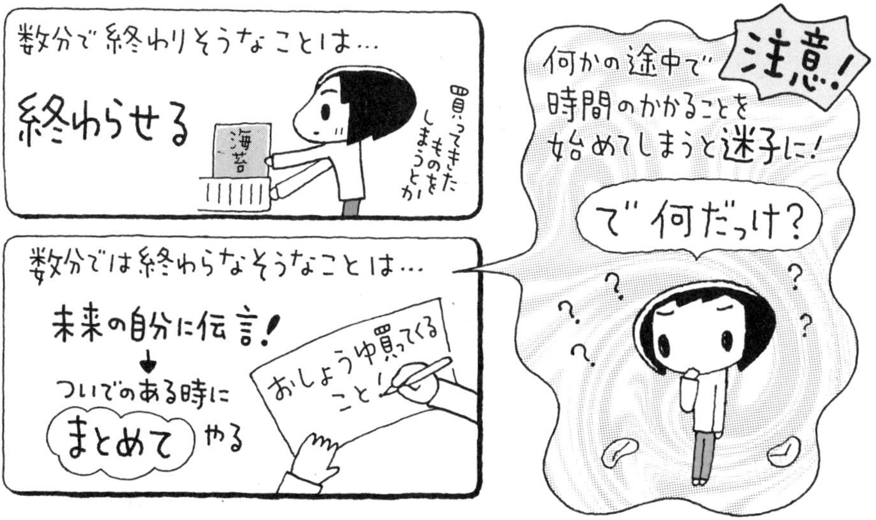

数分で終わりそうなことは…
終わらせる
海苔
買ってきたものをしまうとか
数分では終わらなそうなことは…
未来の自分に伝言！
ついでのある時に
まとめて やる
おしょうゆ買ってくること！
何かの途中で 注意！ 時間のかかることを始めてしまうと迷子に！
で 何だっけ？

用事を忘れずにやっつけるための!12のちっちゃな工夫

1 調べものや見たいTVは書いて貼っとく!

検索してみようと思ったこととか
PC
フセン

うかつにスイッチを入れてしまうと時間をとられるので…
出た!

貼るだけにしておく!
(後で使う時についでにやる)

あっそうそう!予約しなきゃ!

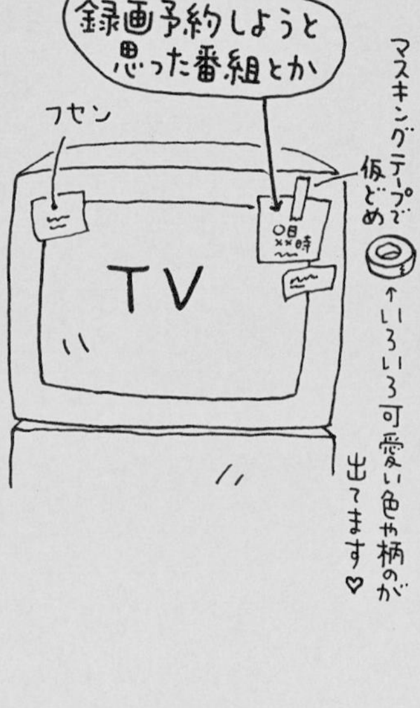
録画予約しようと思った番組とか
フセン
TV
マスキングテープで仮どめ
↑いろいろ可愛い色や柄のが出てます♡

2
お買い物メモは全て財布の中へ
こういうことがよくあるので…
思い出せない…
何かが切れてたんだけど…
しょうゆだった…
財布の中に紙を入れておいて…
切れそう!と思った時に
スグ書く!
買ったら消す
ゴミ袋 30ℓ
コショー
しょうゆ
目立つように黄色い紙に
欲しいかも?♡
と思ったものも書く
スグには買いに行かない!
買わずにすむことも多い
気になった本のキリヌキなどはそのまま入れる
・書き写す手間が省ける
・お店でそのまま見せられる

3
PCメールで来たお知らせはその場で手元に！
☆仕事のことはノートに
イラスト
1.
2.
○日までにラフ
☆長いものなら出力
今後のスケジュール
☆打ち合わせの日時などは手帳へ
7
16:00
田中さん
☆飲み会のお店情報などは携帯に転送
MAP
どこー？
こういう事態を防げる！
4
PCメールの受信トレイには用事の済んでないメールだけを残す
メールって…
ズラ〜
探すだけでヘトヘトになる…
送信者
件名
受信トレイ
お店など
仕事
読者さん
友人・身内
○年○月×日以前
ざっくりフォルダ分けして振り分けていく
過去のメールまで全部分けるのは大変すぎるのでそれまでのはまとめて

5 住所録は頂いた紙のまま管理

住所録ソフトなどに
挑戦したこともあったけど…
？？？
お名前の漢字
合ってるのかな？
この人
引っ越さな
かったっけ？
私のは
時間がかかるわりに
アテにならない！
年賀状は
ジッパーつきの
ビニール袋に
2010
年の途中で頂いた
お引っ越しハガキなども
すぐにこの中へ
引っ越しました
名刺は頂いた順に
名刺ファイルへ
名刺以外の紙も
そのまま入れる
宅配便の
伝票とか
メモ用紙
とか
特によく使う番号だけ
電話機に
貼りつけてある

6 わかりにくい不燃ゴミの日をカレンダーに書く

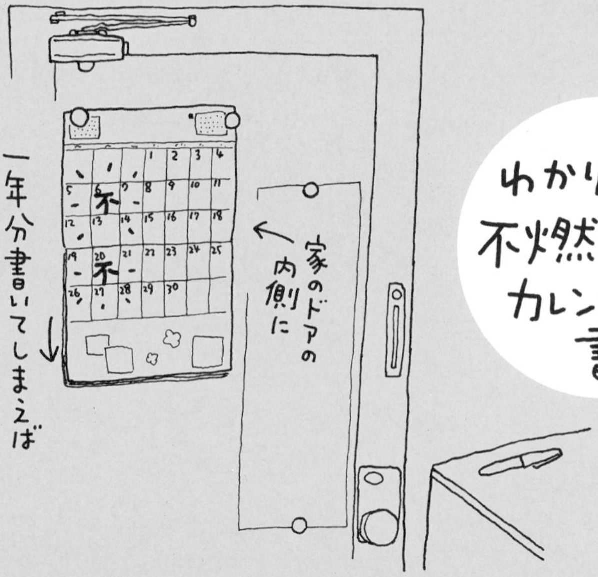

一年分書いてしまえばずっと間違えない
家のドアの内側に
不
不

7 忘れそうな支払いには"合図"を決めておく

月末までに家賃を振り込まないといけないのに…
やばっ
土曜だっ
今日はもう30日で…
家の電話の請求書だけあえて引き落としにしてない
池田暁子様
これが来たら家賃も払う
えっもう月末!?
家賃
ATM
電話
コンビニ
まとめて済ませる!

❽ お風呂には専用のタイマーを

15分沸かす…と
ピッ
ピッ
タイマー作戦で
使おうとした
タイマー

ためたり
沸かしたりする時は
必ずセット！

でも…朝 夫がつけて
忘れたまま出てしまうことが
あるので…
もう もう
ガーン
ぐわら
ぐわら
また!?
ごおごおごお…
ごおごお
ん？

❾ 出がけに確認することはドアに大きく！

風呂確認!!
赤い字で

10
持って出る物は思いついたその時にスタンバイ!
今日渡すお土産…
カバンに入れとこう♪
もう一度思いつくとは限らないので!
どうしても
カバンに
入らない物は…
ありゃ
ドアノブに
かける
カバンの横に置くと
置き去りに…
その日投函する手紙は
カバンの上に!
中に入れてしまうと
ずっと出せない
一緒に
帰るの一?

11
忘れそうな用事は絶対見るところへメモ!
今日山田さんに会うから
この本返さなきゃ!
カバンに入れて…と
この書類を渡すために山田さんに会う
本
マスキングテープ
こっちにも書いとこう
12
出がけに済ませる用事は手に持ったまま出る!
DVD 手紙 DVD 手紙
DVD 手紙 DVD 手紙…
返さなきゃ と思ってドアノブにかけておいた
カバンの上に置いておいた
投函!
返却!
駅
無事に済ませた♪

「忘れそうで気になるからこれをやっておこう」と何かに手をつけると、それまでやっていた別の何かのことをキレイさっぱり忘れてしまう。そのうちにまた別の何かが気になって、「忘れそうで気になるからこれを…」と手をつけると、またまたそれまでやっていたことをキレイさっぱり……。そうこうするうちに、私の後ろにはやりかけのことの山が！　長い時間右往左往していたわりには何も終わってないよう！　と、こんな日々を送ってきた私ですが、最近、自分についてひとつわかったことがあります。

それは、〝「忘れないようにしなきゃ！」と思ったことは、ほぼ100%忘れる〟ということです。それと、「忘れないようにしなきゃ！」と特に思わなかったやりかけのことなんかも、だいたい忘れます。となると、忘れちゃうこと大前提で動くしかない。

そこで、何かの途中で思いついたことは、付箋でもメモ用紙でも使えるものは何でも使って、未来の、ついでがある時の自分に「よろしくねっ！」とすぱーんと投げてしまうことで、ずいぶん落ち着いた気持ちで過ごせるようになりました。

「汚部屋」を必死で片づけたところから始まった、この「人生立て直しシリーズ」。一作目の『片づけられない女のためのこんどこそ！ 片づける技術』が出版された時点では、その後こんなに何冊も描かせて頂くことになるとは思ってもみませんでした。が、苦手なことに正面から向き合って、じっくり考えたりまとめたりする機会を頂けたことを、とてもありがたく思います。自分の描いたことを何度でも思い出しながら、日々大切に暮らしていきたいです。

最後までお読みくださって、本当にありがとうございました。

池田暁子

メディアファクトリーの
コミックエッセイ

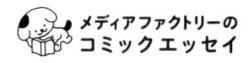

1日が見えてラクになる！

時間整理術！

2010年9月10日　初版第1刷発行
2015年5月15日　　　第5刷発行

著者　池田暁子
発行者　川金正法
編集長　松田紀子
発行所　株式会社KADOKAWA
〒102-8177　東京都千代田区富士見2-13-3
☎0570-002-001（カスタマーサポート）
年末年始を除く平日10：00～18：00まで
印刷・製本　サンケイ総合印刷株式会社

ISBN978-4-04-067091-1 C0095

Printed in Japan
http://www.kadokawa.co.jp/

ブックデザイン　千葉慈子（あんバターオフィス）
編集　松田紀子